Dogs

Autogenes Training

Autogenes Training

Erlebnisstufe für Fortgeschrittene

Von Dr. med. Wilfried Dogs

Mit 9 Abbildungen

5. Auflage

HAUG

Karl F. Haug Verlag · Heidelberg

Die Deutsche Bibliothek – CIP-Einheitsaufnahme

Dogs, Wilfried:
Autogenes Training : Erlebnisstufe für Fortgeschrittene / von
Wilfried Dogs. – 5. Aufl. – Heidelberg : Haug, 1993
ISBN 3-7760-1348-6

1. Auflage 1978
2. Auflage 1980
3. Auflage 1984
4. Auflage 1988
5. Auflage 1993

Titel-Nr. 2348 · ISBN 3-7760-1348-6

Gesamtherstellung: Pfälzische Verlagsanstalt GmbH, 6740 Landau/Pfalz

Inhalt

Vorwort zur 4. Auflage

Jedem Menschen stellt das Schicksal die entscheidende Frage, ob er zu seiner eigenen Harmonie und seiner eigenen Ausgewogenheit von Körper und Seele findet. Gesundheit, Glück und Wohlbefinden hängen von der Realisierung dieses Schicksalsproblems ab, aber kein Mensch kann je in seinem Leben sagen, daß er dieses Ziel erreicht hat. Er muß sich täglich und stündlich immer aufs neue darum bemühen und sich ganz ehrlich vor sich selbst und vor Gott diese Frage stellen.

Das ist auch ein ärztliches Anliegen, weil es hier um die Gesundheit geht. Das Autogene Training kann hier den Weg bereiten, aber auch das muß täglich geübt werden, und es kommt nicht darauf an, das Autogene Training zu „können", sondern es immer wieder zu „erleben". Diese Erlebnisstufe des Autogenen Trainings, die in diesem Buch dargestellt ist, ist ein entscheidender Schlüssel nicht nur zur eigenen Erlebnisfähigkeit, sondern zum emotionalen Vertrautwerden mit sich selbst und seiner eigenen bionomen Struktur.

Daß dieses Buch mit seinem ernsten Auftrag nun schon in die 4. Auflage geht, macht mich froh und dankbar!

Rinteln, im Herbst 1988 *Wilfried Dogs*

Einleitung

Dieses Buch ist für alle Menschen gedacht, die wenigstens etwas Selbsterfahrung mit dem Autogenen Training haben. Wenn diese Voraussetzung nicht gegeben ist, dann sollte der Leser zunächst versuchen, einmal in einer möglichst ärztlich geleiteten Gruppe das Autogene Training zu lernen oder in Einzelbehandlung durch einen erfahrenen Arzt eingeführt zu werden.

Das Autogene Training von Professor J. H. SCHULTZ ist inzwischen so verbreitet, daß wohl jeder es kennt. Leider haben diese weite Verbreitung und der außerordentliche Erfolg auch ihre Schattenseiten. Viele fühlen sich zu Lehrern berufen, die keine Erfahrung darin haben, und vor allem nichtärztliche Gruppen und zu große Gruppen — auch unter ärztlicher Anleitung — verfälschen die Möglichkeiten und verwirren die Übenden. Aber auch die Menschen, die es richtig gelernt haben, hören leider oft nach einigen Wochen oder Monaten wieder mit den Übungen auf. Damit verlieren sie außerordentlich viel, sie haben vergessen, was sie gelernt haben, sie verlernen den Reflex, den sie oft doch recht schwer gelernt haben, und die gerade erst mühsam erworbene Bezogenheit zum Unbewußten und zum vegetativen Geschehen des Körpers wird wieder aufgegeben.

Dieses kleine Buch möchte alle Menschen, die einmal mit dem Autogenen Training angefangen haben, weiter begleiten und weiter führen, um ihnen noch weitere Wege zu zeigen und weitere Möglichkeiten zu öffnen, an sich, für sich und für andere zu arbeiten.

Dieses Buch möchte aber auch immer wieder erinnern an die grundsätzliche, neue Lebenseinstellung, die mit dem Autogenen Training gewonnen werden kann, und mit der ganz besondere Voraussetzungen für die Therapie vielfältiger Erkrankungen und Funktionsstörungen und seelischer Belastungen gegeben sind. Wer die Übungen unterbrochen hat oder schon damit aufgehört hat, sollte sich schnellstens mein Einführungsbuch: Konzentrative Entspannungstherapie — oder ein anderes Einführungsbuch — vorholen und noch einmal die Regeln studieren und sofort wieder anfangen zu üben. Er sollte hier in diesem Buch seine Angelpunkte suchen, die für jeden vorhanden sind, und hier anfangen aufzubauen. Wir dürfen doch nie vergessen:

Jede Belastung ist genauso groß, wie ich sie nehme. Es gibt keine objektiv großen oder kleinen Belastungen. Jeder Schmerz und jedes Leid ist so groß wie ich es empfinde, jede Angst und jede Verzweiflung ist so stark, wie ich sie erlebe. Sorge, Belastung, Schmerz und Leid kann ich oftmals nicht oder nur wenig ändern, aber meine Einstellung dazu kann ich auf jeden Fall ändern, und hier sollte der Anfang sein. Ich muß bei mir selber anfangen, dann kann ich mir eine eigene und starke Welt gestalten. Das Autogene Training ist ein Wegweiser und eine wunderbare Hilfe zum eigenen Selbstvertrauen. Selbstvertrauen sollte sein wie der feste Boden in meiner eigenen Seele, auf dem ich aufbauen kann und von dem aus ich alle Dinge in Ruhe und Gelassenheit betrachten kann. Dieser feste Boden wird mir aber nicht geschenkt, sondern an dem muß ich arbeiten, und der Weg der Arbeit ist gewiesen: weiter üben mit dem Autogenen Training.

I. KAPITEL

Das Übungssystem Autogenes Training

J. H. SCHULTZ war ein gütiger Mensch und verständnisvoller Lehrer. Er hat das von ihm entwickelte System der Selbsthypnose an uns, seine Schüler, weitergegeben, aber wir Schüler konnten ziemlich frei damit wirken, und so kam es, daß alle die, die es wie ich bei ihm gelernt und ihm in seinen Ärztekursen assistiert haben, doch eine eigene Form weiterentwickelten. Im Grunde sind wir alle bei dem gleichen System geblieben, aber es hat Abweichungen gegeben, die manchmal doch irritieren können. Auch wir haben unsere Schüler wieder frei weiter entfalten lassen nach dem Grundsatz, daß im Grunde jeder einzelne Mensch seinen eigenen Rhythmus im Autogenen Training und seine eigene Bezogenheit dazu finden muß. Das Autogene Training ist nämlich eine ganz individuelle Psychotherapie und muß individuell gestaltet werden.

So kommt es, daß das Autogene Training, das heute von den Ärzten gelehrt wird, unterschiedliche Gesichter hat. Dadurch kann es leicht zu Verwirrungen kommen, die eigentlich gar nicht nötig sind.

Die wesentlichsten Unterschiede finden wir in der Formelgestaltung. Dabei ist es im Grunde völlig gleichgültig, ob die Formel heißt:

Ich bin ganz ruhig,

oder

Ich werde ganz ruhig,

es ist völlig gleichgültig, ob die Formel lautet:

Der rechte Arm ist schwer,

oder

Der rechte Arm wird schwer

und so weiter. Man kann auch ohne weiteres die Formel anders gestalten und etwa sagen:

Arm schwer,

oder

Beide Arme schwer

beziehungsweise in gleicher Form:

Beide Arme strömen warm.

Es ist auch gleichgültig, ob bei der Einstellung auf die Schwere und Wärme nur der rechte Arm, beide Arme oder Arme und Beine angesprochen werden. Die „Generalisierung“ kommt in jedem Fall früher oder später zustande, am wichtigsten jedoch ist die Konzentration und die mehr oder weniger starke Reaktion der vegetativen Steuerung.

SCHULTZ hatte die Konzentration auf den Herzschlag vor der Formel der Atemeinstellung eingesetzt. Viele Schüler von ihm haben mit mir diese Reihenfolge geändert, weil es sich als zweckmäßig erwiesen hat, daß zunächst einmal die Atmung in der Formel „Es atmet“ eingestellt wird. Hier finden wir gewissermaßen die Brücke von der bewußt gesteuerten Funktion zur unbewußten Automatik. Ich kann atmen wie ich will, wenn ich es mit dem Willen einschalte, „Es“ atmet aber immer, ob ich schlafe oder wache, ob ich will oder nicht. Diese Brücke kann man gut ausnutzen, um dann in der Konzentration auf den Herzschlag die Ruhe zum Herzen zu lenken. Hier — in der Herzkonzentration — sind wir ja schon ganz im Bereich unbewußt-automatischer Funktionssteuerung.

Ob die Grundübung mit der Konzentration auf das warme Sonnengeflecht, oder auf die Stirn-Nacken-Formel „Stirn angenehm kühl, Nacken strömend warm“ beendet wird, ist gleichfalls nicht von besonderer Bedeutung. Wir haben in meiner Klinik die Erfahrung gemacht, daß vor allem Wert gelegt werden muß auf eine möglichst griffige, präzise und leicht erfaßbare Grundkonzeption des ganzen Systems. Wir beschränken uns deswegen bewußt nur auf die sechs Formeln:

Ich bin ganz ruhig,
Der rechte Arm wird schwer,
Der rechte Arm strömt warm,
Es atmet.
Das Herz schlägt ganz ruhig,
Das Sonnengeflecht strömt warm

und bieten dann regelmäßig allen Teilnehmern die siebente Formel **„Stirn angenehm kühl, Nacken strömend warm“** an, mit der Maßgabe, daß sie sie üben sollen, wenn sie irgendwelche Beschwerden oder Mißempfindungen am Kopf haben oder wenn sie es als angenehm empfinden. Sie müssen es aber nicht unbedingt üben. Wir beabsichtigen damit, das Grundgerüst des Systems möglichst einfach und leicht faßbar zu gestalten. Jedes unnütze Wort ist eigentlich schon wieder zuviel. Hier haben aber sicher andere Lehrer des Autogenen Trainings andere Erfahrungen gemacht und es heißt nicht, daß die daraus gewonnenen Abänderungen etwa weniger gut oder weniger brauchbar wären.

Im klinischen Bereich und in der Anwendung in Sanatorien und Kuranstalten hat sich sehr bewährt, von Anfang an alle sechs Formeln zu üben. Inzwischen haben über tausend Ärzte, die es bei mir gelernt haben, diese Methode weiter verbreitet und haben damit sehr gute Erfahrungen gemacht. Das heißt aber nicht, daß man es unbedingt so machen muß, sondern die alte Methode von J. H. SCHULTZ, zunächst nur die Schwereformel zu üben, dann am nächsten Übungsabend die Wärme und so weiter, ist immer noch sehr erfolgreich und von der Ganzheitsmethode keineswegs verdrängt. Wenn die Zeit dazu da ist und die Teilnehmer auch genug Geduld mitbringen, ist sie zweifellos oft sogar überlegen.

Sehr unterschiedlich wird das Zurücknehmen gehandhabt und auch hier sind eigentlich alle Methoden gleich gut. Es kommt nur darauf an, daß am Ende ein wacher, frischer und klarer Zustand erreicht wird. Dazu kann man Zahlen oder stufenweise gestaffelte Weckformeln wählen, kann auch eine Anweisung für ein langsames „Herausräkeln“ machen. Wichtig ist, daß sich jeder Teilnehmer hinterher frisch und wach fühlt. Man kann noch einmal kurz erinnern an jede einzelne Phase, wie wir es an meiner Klinik und im Rahmen meiner Kurse machen. Da sieht es so aus, daß jede Phase noch einmal ganz kurz eingestellt wird und dann Wärme und Schwere zurückgenommen werden.

Das Sonnengeflecht bleibt warm,
Das Herz schlägt ganz ruhig,
Es atmet,
Der rechte Arm wird wieder kühl,
Der rechte Arm wird wieder leicht,
Ich bin ganz ruhig,
Tief einatmen
Arme fest,
Augen auf,
Ausatmen.

Das Zurücknehmen ist aber nur notwendig, wenn der Übende hinterher wieder „voll" dasein muß. Wenn er aber Zeit hat für einen kleinen Schlaf oder die Übung vor dem Einschlafen macht, darf er auf keinen Fall wieder zurücknehmen, denn dadurch würde der erholsame Schlaf gestört. Nach der Konzentration auf die letzte Formel sollte vielmehr die gewohnte Schlafhaltung eingenommen werden. Dann kann der Übende – wenn er nicht schon zu müde ist – in dieser Haltung noch einmal anfangen: Ich bin ganz ruhig ... Ich bin ganz ruhig usw. bis er so in sich ruht, daß ES von selber schläft.

Wenn Sie, verehrte Leserin, verehrter Leser, es etwas anders gelernt haben, dann behalten Sie es am besten so bei, wie Sie es gelernt haben und dieses Buch, das an alle, die Freude am Autogenen Training haben, gerichtet ist, wird Sie dabei in keiner Weise beirren.

Wie ich schon oben sagte, hat J. H. SCHULTZ immer darauf hingewiesen, daß jeder einzelne Mensch seinen eigenen Rhythmus und auch seine eigene Gestaltung entwickeln muß. Einer meiner Mitarbeiter wurde in einem

Altersheim, in dem er einen Kursus durchführte, von einem alten Mütterchen gefragt, ob es denn nicht besser wäre, wenn sie sagte: „Lieber Gott, mach mich ruhig" oder ob sie damit gegen die Regel verstoße. Verständigerweise hat er gesagt, daß sie es ruhig so weiter sagen solle, wie sie es für richtig empfinde. „Lieber Gott, mach mich ruhig".

Auch bei der Häufigkeit der Wiederholung der Formeln sollte der einzelne sich nicht so sehr an die Art des Lehrers halten. Er muß hier seinen eigenen Rhythmus und seine eigene Gestaltung finden. Zweckmäßig ist es, bei der Atemkonzentration die Worte der Formeln an die Körperfunktion anzuhängen:

„Es" beim Einatmen,
„atmet" beim Ausatmen.

Die Frage der Körperhaltung bei der Übung ist oft diskutiert worden und sollte auch nicht zum Dogma erhoben werden. Die von SCHULTZ angegebene „Droschkenkutscherhaltung" auf einem einfachen Schemel stößt oft auf Schwierigkeiten. Es kann zu Druckempfindungen im Bauchbereich und zu Spannungen im Nacken-Schulter-Bereich kommen. Dann sollte der Übende lieber in einem bequemen Sessel üben, oder im Liegen (auf dem Rücken liegend, die Arme locker neben dem Körper, die Beine locker nebeneinander). Bei Menschen mit chronischen Schmerzen — etwa bei Rheumatikern — muß eine Stellung gesucht werden, in der die Patienten möglichst wenig Schmerzen haben. Hier müssen die Teilnehmer auch oft zwischendurch die Haltung einmal wechseln, denn sonst entstehen Spannungsschmerzen. Gerade diese Menschen haben eine ganz besondere Möglichkeit, mit regelmäßigem Üben die Schmerzen zu lindern, und diese Methodik wird hier in einem eigenen Kapitel noch genau beschrieben.

Damit sind wir schon bei der Frage der Zusatzformeln. Viele Schüler von SCHULTZ haben außer dem Grundgerüst der sechs oder sieben Formeln noch eine Fülle von weiteren Zusatzformeln entwickelt, die praktisch für jede Lebenssituation gelten. Zweifellos hat Dr. LINDEMANN bei seiner Ozeanüberquerung einen ganz großen Erfolg mit seiner Einstellung auf die Westrichtung und auf das Durchhalten gehabt. Ob das aber immer anwendbar ist und immer hilft, ist eine andere Frage. Wer mit derartigen Zusatzformeln Erfolg hat, soll sie ruhig weiterüben, aber grundsätzlich muß ich auf die Gefahr hinweisen, daß durch Zusatzformeln auch eine unbewußte Fixierung an die Symptomatik entstehen kann. Wir gehen ja mit dem Autogenen Training nicht eigentlich auf die Krankheit zu, sondern auf die Gesundheit.

Je mehr in den letzten Jahrhunderten das Krankheitsgeschehen diagnostisch und wissenschaftlich erkannt wurde — bis zu Robert KOCH, VIRCHOW und den modernen Virusforschern — um so mehr wurde die Krankheit in den Mittelpunkt der Therapie gebracht. Früher war der Arzt viel mehr darauf angewiesen, die gesunden Kräfte zu stabilisieren, aber die Erinnerung daran ist heute vielen Ärzten verlorengegangen, und es geht nur noch um den Kampf gegen die Krankheit. Daß Krankheit aber immer und in jedem Fall eine gestörte Gesundheit ist und daß wir einen großen Ansatzpunkt zur Behebung der Krankheit haben, wenn wir die Gesundheit wieder stabil und stark machen, vergißt man nur zu leicht dabei.

Wie alle naturgemäßen Heilweisen, die mit Wasseranwendungen, Diät, Massagen, Bewegungstherapie und vielen anderen Dingen die gesunden Kräfte stabilisieren, so folgen die zentralen Möglichkeiten der Psychotherapie — Hypnose und Autogenes Training — diesem Prinzip im seelischen Bereich. Gestörtes Selbstvertrauen und gestörte vegetative Funktion sind völlig identisch. Der Versuch, hier mit chemischen Medikamenten zu helfen oder einzugreifen, ist unärztlich und im Endeffekt nur belastend. Künstliche Betäubung und Dämpfung kann doch niemals einen Konflikt lösen.

Das Anliegen des Autogenen Trainings ist, das eigene Selbstvertrauen wieder stark und so stabil zu machen, daß die anderen Belastungen und Störungen sich von selbst auflösen. Glücklicherweise ist in jedem Menschen — wenn er auch noch so gestört oder neurotisch verbogen ist — ein Rest „Ich" vorhanden, mit dem wir anfangen können, wieder ein ganz echtes und gesundes Selbstvertrauen aufzubauen. Dazu gehört aber zunächst einmal die Selbstbesinnung. Ich muß bei mir selbst anfangen und in mir selber erstmal Ruhe, Frieden und Gelassenheit finden und hier — auf diesem Wege — kann uns das Autogene Training unendlich viel helfen, aber es bedarf einer kleinen Mühe. Es muß immer weitergeübt werden und der Faden, der einmal angefangen ist in der Entwicklung eines bedingten Reflexes **„Ich bin ganz ruhig"** darf nicht wieder abreißen und muß weitergesponnen werden. Hier entwickelt sich eine ganz grundsätzliche neue Lebenseinstellung — die autogene Lebenseinstellung - die davon ausgeht, daß ich erstmal bei mir selber anfangen muß, eine klare Bahn zu machen. Ich kann nicht von außen her erwarten, daß alles gut wird, ich kann auch die Heilung und die Hilfe bei körperlichen und seelischen Leiden nicht nur von außen erwarten, sondern ich muß an mir selber arbeiten und muß zumindest mitarbeiten.

Ein Freund von mir ist vor kurzem durch einen Unfall schwer verletzt worden und mußte ein dreiviertel Jahr im Krankenhaus im Krankenbett liegen und den Streckverband aushalten. Es war eine grausige Zeit, besonders weil er ein hochaktiver Mensch ist und mitten im Leben steht. Nur mit dem Autogenen Training hat er hier durchgestanden. Natürlich konnte er mit dem Autogenen Training die Knochen nicht wieder zusammenwachsen lassen, aber er konnte die Voraussetzung der Heilung schaffen und damit den ganz entscheidenden Faktor in dieser an sich hundertprozentigen körperlichen Krankheit.

Jeder muß in seinem Leben viele Dinge an körperlichen und seelischen Belastungen hinnehmen, die er oftmals nicht ändern kann oder kaum ändern kann. Hier kommt es aber auf seine eigene Einstellung dazu an. Aus meiner Arbeit mit den dysmelie-kranken jungen Menschen (Contergan-Schädigung), die körperlich außerordentlich mißgestaltet, aber durchweg hochintelligent sind, habe ich eine hohe Achtung gelernt vor diesen Menschen, die nicht das Schicksal anklagten und sagten: ,,Wenn wäre“ und ,,Wenn hätte“, sondern die einfach sagten: ,,So ist es“ und ,,Ich mache das Beste daraus“.

Etwas anderes können wir praktisch alle im Leben nicht tun. Wir müssen versuchen, das Beste daraus zu machen und in jeder Situation auch die schönen Dinge zu sehen. Wir beklagen uns so leicht über das Leid oder die Belastung, die uns treffen und sind undankbar und vergessen, wieviel Schönes wir außerdem haben oder gehabt haben.

So ist das Autogene Training ein Stück Lebensphilosophie und besinnlicher Lebensgestaltung.

„Ich muß bei mir selbst anfangen! Es gibt keine an sich großen oder an sich kleinen Belastungen oder Konflikte, sondern jede Belastung ist genauso groß wie ich sie nehme! Wenn ich am Boden liege, erscheint mir ein Maulwurfshügel wie ein riesiges Gebirge, aber wenn ich in mir sicher fest stehe, kann ich leicht darüber hinwegschreiten!"

Die wichtigste Voraussetzung dazu ist aber, daß ich fortlaufend an mir selbst arbeite und hier ist die Konzentration wenigstens einmal am Tage — und sei es abends vorm Schlafengehen oder morgens nach dem Aufwachen, wenn noch Zeit ist — unbedingt notwendig und unerläßlich. Wir haben ja mit dem Autogenen Training neben der geistigen und gedanklichen Konzentration auch eine Beziehung zu dem Reflexsystem des vegetativen Nervensystems, das das ganze Körpergeschehen steuert und diese Beziehung erlischt, wenn wir nicht regelmäßig weiterüben. Es kann schon sein, daß eine längere Pause als 24 Stunden deutliche Behinderungen mit sich bringt. Oft merken wir es in der Hast und im Trubel der Zeit und der Geschäfte nicht und spüren es dann erst wieder, wenn es zu spät ist. Ob wir dann wieder anfangen können, ist nicht sicher und oft ist es notwendig, noch einmal einen Kurs im ganzen zu besuchen. Hierbei sind aber doch gewisse grundsätzliche Regeln zu beachten, die darüber entscheiden, ob es wirklich das Autogene Training ist.

Die Gruppenübung des Autogenen Trainings dient als solche nur zur Anleitung und zur Kontrolle. Sie muß unter ärztlicher Aufsicht oder unter ärztlich orientierter Leitung erfolgen. Eine ärztlich orientierte Leitung ist zum Beispiel gegeben, wenn in einer Klinik, in der die Patienten laufend ärztlich kontrolliert werden, einzelne Gruppenübungen auch von Diplompsychologen oder anderen erfahrenen Mitarbeitern durchgeführt werden. Ähnlich kann es auch in einer Praxis oder in freien Kursen gehandhabt werden, wenn nur im Hintergrund eine ärztliche Kontrolle gewährleistet ist. Das ist aus folgendem Grunde notwendig: Es kann manchmal zu Fehlfunktionen und Fehlsteuerungen kommen, die ein Laie nicht beurteilen kann. Es kann dadurch zu einer Verunsicherung des Patienten oder auch des Lehrers kommen und auf jeden Fall können Schäden eintreten. Einer der typischsten Schäden ist die sogenannte Extrasystole, der unregelmäßige Herzschlag. Jeder gesunde Mensch hat gelegentlich Extrasystolen. Normalerweise merkt er sie nicht, aber wenn diese gerade während der Übung und besonders während der Konzentration auf die Herzaktion auftreten, bekommt er einen Schreck und oft auch eine panische Herzangst. Wenn dann die ärztliche Erklärung dabei ist, daß es sich um einen ganz normalen Vorgang handelt, wird es gut verarbeitet. In anderen Fällen kann es aber — wie ich es schon erlebt habe — tatsächlich zur Züchtung einer Herzneurose kommen.

Die Kontrolle der Haltung und die sich dabei oft einschleichenden unbewußten Verkrampfungen bedürfen auch einer genauen Kenntnis des gesamten menschlichen Körpers und seiner vielfältigen Krankheitsmöglichkeiten. Eine ärztliche Aufsicht ist also für die Lernphase in der Gruppe oder auch in der Einzelbehandlung grundsätzlich unerläßlich.

Eine weitere Schwierigkeit liegt in der Größe der Gruppe. Die Grundregel heißt, daß bei jeder Übung der Gruppenleiter kurz mit jedem Teilnehmer einmal sprechen und sich informieren muß, welche Reaktionen bei jedem einzelnen eingetreten sind. Er muß dazu auch Zeit haben, unter Umständen kurze Belehrungen, Erklärungen und Anweisungen zu geben. Damit ist die Zahl der Gruppenteilnehmer schon begrenzt. Die Höchstzahl von 40 bis 50 Teilnehmern sollte nicht überschritten werden. Größere Gruppen sind völlig unsinnig und sogar oft gefährlich, selbst wenn sie von Ärzten geleitet werden.

Letztlich ist das Autogene Training nicht mit Schallplatten oder Tonbändern lehrbar. Natürlich kann es ein sehr angenehmes und beruhigendes Gefühl vermitteln, wenn man die zumeist recht wohlklingende und beruhigende Stimme eines Arztes hört und über sich gleiten läßt. Das hat aber mit dem Autogenen Training überhaupt nichts zu tun, denn damit werden Erwartungen geweckt, die nicht erfüllt werden können, und so eine einfache Entspannung könnte man mit angenehmer Musik auch bekommen. Das Wesentliche beim Autogenen Training ist die **eigene** gedankliche Konzentration und die kann durch nichts anderes ersetzt werden. Wenn jemand das behauptet, dann begeht er eine Irreführung und handelt gegen das System des Autogenen Trainings.

Ich hoffe, daß Sie, liebe Leserin, und Sie, lieber Leser, eine gute Einführung in das Autogene Training gehabt haben, die diesen grundsätzlichen Regeln entspricht und möchte Sie nun auffordern weiterzuüben und mit mir zusammen einzusteigen in die autogene Lebensgestaltung. Sie gewinnen hier eine Einstellung, die davon ausgeht, daß

„ich erst einmal bei mir selber anfangen muß“.

Ich muß bei mir einen festen Grund schaffen und mit mir selber vertraut werden. Das kann ich niemals mit dem Verstand machen. Ich kann zwar mit psychologischen Testuntersuchungen und vielen nachdenklichen Betrachtungen manches über mich verstehen lernen, aber das ist noch keine Vertrautheit.

Wir alle sind immer nur leistungs- und erfolgsorientiert und haben das von Kindheit an gelernt. Das ist natürlich wichtig, aber damit können wir unser Leben alleine nicht aufbauen. Wir brauchen den Hintergrund eines eigenen Lebensgefühls und einer eigenen Gelassenheit, den Hintergrund eines Vertrautseins mit unserer eigenen Gefühlswelt und unserem eigenen Schicksal. Das „Ich" kann dann der Anfang sein, kann der feste Grund und Boden sein, auf dem wir unser Werk, unsere Liebe und unseren Glauben aufbauen können, aber dieses „Ich" muß erst einmal fest gegründet werden und das ist die Autogene Struktur, die Autogene Lebenseinstellung.

Wir lernen im Leben praktisch immer, den zweiten Schritt vor dem ersten zu machen. Das „Du mußt" ist wichtiger als das „Ich bin". Dadurch kommen wir in die erfolgsorientierte, leistungsbezogene Lebenseinstellung. Die endet aber mit Sicherheit in der Depression, im Herzinfarkt und in anderen Krankheiten. Es ist nie zu spät, sich zu besinnen und den ersten Schritt nachzuholen, aber es bedarf doch einer kleinen und ehrlichen Bemühung, und das ist die Übung des Autogenen Trainings. Wie alle großen Ideen und Gedanken im Grunde genommen ganz einfach sind, so ist auch diese große und fundamentale Lebensorientierung im Grunde ganz einfach und klar.

Im folgenden Kapitel soll dieser Grundgedanke einmal deutlich gemacht werden aus der Perspektive einzelner Krankheitsformen und Leidensformen, die hier nicht als Krankheit, sondern als eine Störung der Gesundheit angesehen werden und bei der wir den Weg finden wollen, die Gesundheit so stark zu machen, daß sie nicht mehr gestört werden kann.

„Ei ja! — da bin ich wirklich froh!
Denn, Gott sei Dank, ich bin nicht so!"

(Aus Wilh. BUSCH: Die fromme Helene)

II. KAPITEL

Die Autogene Lebenseinstellung

Gesundheit ist nicht machbar. Gesundheit ist nicht normal oder allgemein verbindlich, eine gegebene Norm, sondern etwas ganz Individuelles. Jeder hat seine eigene Gesundheit wie sein eigenes Schicksal. Selbst bei so ganz einfachen Werten wie beim Blutdruck gibt es keine Norm. Es gibt Menschen, die mit einem hohen Blutdruck leben und ausgewogen sind und andere, die mit einem niedrigen Blutdruck sich wohlfühlen. Es gibt keine Norm der Gesundheit und dort, wo die Ärzte eine Norm aufbauen, müssen sie es natürlich, um überhaupt Vergleichbarkeiten herbeizuziehen. Nur zu leicht vergessen auch die Ärzte dabei, daß das Individuum nicht normbar ist und daß jeder Mensch sein eigenes Schicksal hat. Die bionome Psychotherapie von J. H. SCHULTZ, die ihren Gipfel im Autogenen Training gefunden hat, das er von der Hypnose ableitete, sucht den Menschen in seiner eigenen Gesetzlichkeit. Sie stellt eine individuelle Psychotherapie dar, auch wenn die Formeln, die in der Therapie selbst gebraucht werden oft gleichlautend sind. Das trifft sowohl auf die Hypnose zu wie auf das Autogene Training.

Gesundheit ist nicht machbar, aber jeder kann sie finden. Jeder kann seine eigene Gesundheit in sich finden. Er muß aber auch suchen. Sie ist da wie das „Ich“, die existentielle Wahrheit und Gegebenheit meines Daseins. Meine Gesundheit sieht vielleicht nicht so aus wie die von meinem Nachbarn oder von einem anderen Menschen. Meine Gesundheit hat vielleicht auch andere Regeln und andere Gegebenheiten, aber auf jeden Fall ist meine Gesundheit eine ganz eigene Kraft und Gegebenheit und wenn ich jetzt die Norm suche und das Normale „machen“ will, entferne ich mich schon von mir selber und handele gegen meine eigene Gesundheit. Ich werde mir selber unvertraut, ich werde das, was „man immer“ ist und merke gar nicht, wie sehr ich alles nur machen will und glaube, daß alles machbar ist.

Hier liegt die Grenze des Verstandes und hier fängt die Einsicht und die Welt des Gefühls an. So müssen wir das Autogene Training verstehen als ein Suchen und nicht als ein Machen. Als ein Stillwerden und Besinnen und nicht als ein Konstruieren und Bekämpfen. Und so müssen wir letztlich auch die Krankheit oder das, was mich in mir selber stört, verstehen lernen oder versuchen, davon zu lernen, um uns selber dahinter zu finden oder die Kraft zu finden, über diese Störungen hinauszuwachsen. Aus der bionomen Sicht des Autogenen Trainings wird die Krankheit zur Aufgabe, die Gesundheit wiederzufinden, wird der Konflikt und das Leiden an mir und an anderen zur Aufgabe, meine eigene Kraft und mein eigenes Selbstvertrauen wiederzufinden. Die Aufgabe des Findens ist viel größer als die Aufgabe des Machens. Natürlich müssen wir im Leben vieles machen, aber hier in diesen Bereichen können wir nichts machen, sondern hier kommt die große Möglichkeit, uns selber wiederzufinden und aus dem Selbstvertrauen heraus die Kraft des Gesunden aufzubauen. Wenn wir die Krankheit und die im folgenden geschilderten Krankheitsprobleme einmal so betrachten, können wir vielleicht ein ganz neues Verständnis des Autogenen Trainings und eine ganz neue Aufforderung zum regelmäßigen Üben gewinnen.

Und — witsch — getroffen ist die Brezen,
Herrn Bartelmann erfaßt Entsetzen.

(Aus Wilh. BUSCH: Das Pusterohr)

a) Ich habe Angst

Die Angst hat viele Gesichter, aber ein besonderes Gesicht hat sie aus der Perspektive der Autogenen Lebenseinstellung. Die Angst ist etwas Fremdes, erscheint uns als eine Gefahr und eine Belastung oder Krankheit. Aus unserer Sicht aber ist es etwas anderes, ein Teil des eigenen Wesens, mit dem wir nicht vertraut sind und die Aufgabe heißt nicht, die Angst zu unterdrücken oder wegzuschieben, sondern die Aufgabe heißt, sich mit der Angst zu befreunden, so wie ich mich mit einem Teil meines Wesens wieder befreunden muß, den ich bisher nicht verstanden habe.

Wenn der Mensch Angst hat und Rat sucht, dann erhält er immer den wohlgemeinten, aber völlig falschen Rat: Das hat man schon mal, da muß man sich beherrschen und zusammennehmen. Man muß sich eben in der Gewalt haben. Dieser Rat ist gut gemeint, aber völlig falsch, denn dadurch wird dieses „Etwas" in mir noch weiter weggeschoben und noch weiter verdrängt, und ich werde mir immer noch fremder.

Wir müssen natürlich grundsätzlich unterscheiden zwischen Furcht und Angst. Die Furcht ist bezogen auf irgend etwas und hängt genau genommen von diesem äußeren Faktor ab. Eine Furcht vor Liebesentzug, eine Furcht vor Geltungsverlust, eine Furcht vor materiellem Verlust. Hier liegt zwar zumeist auch im Hintergrund eine Unsicherheit und ein mangelndes Selbstvertrauen, aber hier muß erstmal geklärt werden, wieweit ist die Bezogenheit wirklich real und einfühlbar oder wieweit ist sie auch nur eine Vorstellung, hinter der sich etwas anderes verbirgt, nämlich eine ganz eigentliche, namenlose Angst.

Die Angst selbst ist nämlich namenlos und im Grunde immer eine Angst „vor mir selber". Etwas in mir selber macht mir Angst, und das wird natürlich oft auf einen Faktor nach außen projiziert. Oft auf Organe, auf das Herz, den Magen; oft auf Konflikte und Lebenssituationen. Im Grunde steht aber dahinter immer eine Angst vor mir selber.

Zumeist fängt es in der Kindheit schon an und ein Teil der eigenen Gefühlswelt wird unbewußt und im Unbewußten zurückgehalten und verdrängt. Ob es vielleicht ein Bereich der Zärtlichkeit ist oder ein Bereich frühkindlicher Sexualregungen, ob es ein Bereich des Geltungsstrebens ist, läßt sich niemals genau analysieren und auch hier führt die Analyse nicht weiter, und die Erkenntnis gibt uns keine Linderung. Tatsächlich ist aber hier im Unbewußten und im Hintergrund des Menschen ein fremder Bereich entstanden durch die Verdrängung irgendwelcher gesunder Strebungen. Je mehr das Kind erwachsen wird und bewußt zu denken anfängt, spürt es diesen fremden Bereich als etwas Belastendes und Erdrückendes. Es versucht automatisch schon, dagegen anzugehen, es noch weiter zu verdrängen und noch weiter zu unterdrücken, wie es ja dann auch oft diesen Rat erhält. Und so bildet sich gewissermaßen ein Fremdkörper in der eigenen Seele, der Angst macht.

Und darüber wird dann wie ein Dach eine neue Angst entfaltet: Die Angst vor der Angst. Diese Angst vor der Angst läßt den Weg zur Angst und zum Mit-sich-selber-vertraut-werden nicht mehr zu und bannt die Angst als Fremdkörper entweder in irgendwelche Vorstellungen oder Organbezogenheiten.

Natürlich ist der Versuch, diese Angst mit Medikamenten zu überwinden genauso falsch wie überhaupt jeder

Versuch, diese Angst zu bekämpfen. Aus unserer — der autogenen — Sicht ist es ja ein Teil unseres eigenen Wesens und wir müssen versuchen, uns damit zu befreunden. Das ist aber ganz außerordentlich schwer, denn davor steht die Angst vor der Angst, die wie ein Schutzwall jeden Zuweg zum eigentlichen Hintergrund versperrt. Diese Angst vor der Angst schaltet sich in panikartiger Form ein und verhindert den Weg zum eigenen Selbstvertrauen. Hier kann nur ein intensives Üben helfen und immer wieder sich bemühen, die Angst einfach kommen zu lassen. Das ist aber ein ganz schwieriger Weg, weil wir genau zwischen zwei ganz verschiedenen Welten wandern. Wir leben in der Welt des Machbaren, des Willensbestimmten und immer wieder zwingt uns die Angst vor der Angst, diesen Willen einzusetzen und die Angst zu unterdrücken. Es gibt sicher ein gewisses Wohlgefühl, die Angst geschafft zu haben. Wenn ein Mensch Angst hat, über die Straße zu gehen und er zwingt sich, es doch zu tun, hat er ein Erfolgserlebnis, das ihm scheinbar etwas hilft, aber im Grunde genommen die Angst immer nur noch mehr wachsen und gewaltiger werden läßt.

Ganz anders und scheinbar doch so nahe verwandt, ist der Weg des Vertrautwerdens und das Sich-befreunden mit der Angst. Auch hier ist das Bemühen im Vordergrund, die Angst hervorzuholen und sie zu erleben, aber nicht, sie zu überwinden, sondern sie kennenzulernen und zu fühlen, was hinter ihr steht oder was sich in ihr verbirgt. Das kann man niemals mit dem Verstand und weil die Menschen, die Angst haben, schon von vornherein so wenig Selbstvertrauen haben, so wird es immer schwieriger und sie brauchen einfach einen Weg, ein Geländer, eine Richtungsweisung.

Es ist dabei wohl verständlich, daß hier auch im Rahmen

des Autogenen Trainings Zusatzformeln wie etwa: Ich habe keine Angst, oder: Die Angst ist völlig unwichtig — ganz fehl am Platze sind, weil sie ja auch nur dazu führen, diesen unbekannten Bereich noch weiter zu verdrängen.

Das Autogene Training in seiner ganz einfachen Grundform ist hier der beste Weg zum eigenen Selbstvertrauen. In den einzelnen Stufen der formelhaften Vorsatzbildung komme ich mir selber näher und erlebe mich immer deutlicher vom Gefühl aus, werde mit mir selber vertraut. Das Autogene Training ist nicht etwa irgendeine Entspannungsübung, sondern eine gezielte und individuelle Psychotherapie. Vor allem aber ist das Besondere dabei, daß hier Psychotherapie einmal wirklich realisierbar wird und einen ganz klar erkennbaren Weg geht. Die heute noch sehr weit verbreitete psychoanalytische „Therapie" ist außerordentlich aufwendig und bekanntlich in bezug auf den Erfolg mehr als ungewiß. So interessant der Weg in den Hintergrund des Menschen in der Analyse nach der Methode von FREUD oder einem seiner Schüler ist, so wenig hat das mit Therapie zu tun. FREUD selbst war bekanntlich ein schwerer Neurotiker und hat in genialer Weise seine eigene Neurose zu einem wissenschaftlichen Gebäude entfaltet. Dadurch fühlen sich natürlich alle Neurotiker angezogen und glauben auch, ein Verständnis zu finden aber im Grunde ahmen sie nur ein ideales Neurosemodell nach und fixieren damit ihre eigene psychische Belastung, zumeist für sehr viel Geld auf Dauer.

Demgegenüber stellt die Hypnosebehandlung und das von ihr abgeleitete Autogene Training eine wirkliche Psychotherapie dar und führt den einzelnen Menschen, der in sich selber leidet, zu einer Ausgeglichenheit, so daß er sich in sich selber wohlfühlen kann. Das ist überhaupt das wichtige und zentrale Ziel der gesamten Arbeit mit Hypnose und Autogenem Training: den Menschen dahin zu führen, daß er sich in sich selber wohlfühlt. Demgegenüber ist die Arbeit der Analyse darauf gerichtet, daß er seine Konflikte erkennt, aber dabei erlebt er dann, daß für jeden erkannten Konflikt drei bis vier neue Konflikte auftauchen.

Bei der Therapie der Angst, die aus der autogenen Sicht den Patienten dahin führt, daß er sich mit seiner Angst befreunden kann, sind wir eigentlich an der tiefsten Wurzel vielfältiger Erkrankungsformen angelangt. Wir erleben gerade bei der Therapie, daß hinter den meisten Zwangsneurosen eine sehr schwere Angst steht. Zwangsneurosen sind nicht nur Zwangshandlungen wie etwa der Waschzwang, der Kontrollzwang, der Zählzwang oder ähnliches, sondern Zwangsneurosen sind genauso vegetative Funktionsstörungen wie das Asthma, die Angina pectoris — die Herzenge — und vielfältige Formen der Darmverkrampfungen (Colitis, Anorexie). Der Zwang ist gewissermaßen der primitive Heilungsversuch der Seele und des Organismus gegenüber der Angst. So wie bei einer Tuberkulose der tuberkulöse Herd mit Kalkablagerungen abgekapselt wird, und zwar noch weiterhin den ganzen Körper stört, aber doch relativ inaktiviert wird, so wird mit dem Zwang die Angst abgekapselt und verhärtet.

Wir finden diesen Mechanismus schon bei allen primitiven Völkern, die mit dem Tabu eine kollektive Zwangsneurose eingeführt haben, die die Lebens- und Weltangst bannt. Reste davon finden wir auch in der christlichen Religion in der starren Amtshandlung der Liturgie.

Die zwangsneurotische Verhaltensweise braucht aber nicht immer als Krankheit aufzutreten, sondern wir erleben es auch im Bereich des sogenannten Normalen. Viele Menschen sind von einer übergroßen Genauigkeit und zwanghaften Ordnungsliebe und belasten sich und ihre Umwelt damit oft. Bei genauerer Hinsicht finden wir, daß sie damit im Grunde eigentlich nur eine Angst bannen.

Bei dieser Betrachtung der vielfältigen Formen der Zwangsneurosen — von körperlichen bis zu seelischen — und der dahinter liegenden Angst, finden wir den Weg der Therapie nur durch Geduld und langsames Arbeiten. Auch die ärztliche Hypnose, die in mancher Beziehung rein therapeutisch gesehen dem Autogenen Training überlegen ist, kann hier manchmal nicht durchgreifen, sondern braucht die Mitarbeit des einzelnen Patienten in der Form des kontinuierlichen Autogenen Trainings, um ihn mit sich selber vertraut werden zu lassen. Hier wächst langsam und stufenweise dieses „Mit-sich-selber-vertraut-werden" und gerade hier wird deutlich, wie wichtig es ist, daß jeder Mensch regelmäßig und immer sein Autogenes Training üben sollte, denn welcher Mensch kann von sich sagen, daß er ohne Angst sei?

Bald schaut's so drein mit Grimm und Verdruß,

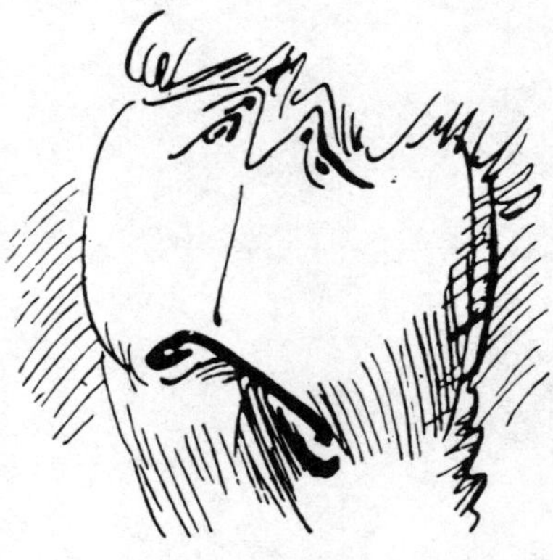

Bald voller Gram und Bekümmernus.

(Aus Wilh. BUSCH: Eheliche Ergötzlichkeiten)

b) Ich bin depressiv

Manche Psychologen bezeichnen die Depression als eine verhärtete Angst. Das ist sicher nicht falsch, aber die Depression hat doch immer ein eigenes Element, das sie von der Angst erheblich unterscheidet: Es ist eine Erlebnisunfähigkeit. Was ist Erleben? Im Grunde ist Erleben angewandte Zärtlichkeit. Dinge, Kunstwerke, Landschaften, Menschen werden erst zu einem schönen und glücklichen Erlebnis durch mich selber. Wieder stoßen wir auf diesen Faktor des „Ich" als Maß aller Dinge. Das ist keine Vermessenheit, sondern einfach eine Tatsache. Die Welt existiert für mich nur, weil ich da bin. Das ist eine banale Selbstverständlichkeit. Aber die Welt ist so, wie ich sie erlebe und hier setzt oft das neurotische und krankhafte Verirren ein. Die weitere — autogene — Folgerung heißt dann: Also muß ich bei mir selber anfangen, mein Erleben aufgeschlossen und real bezogen werden zu lassen. Es ist nicht immer einfach, weil ich dabei weitgehend von mir selber und von meinen eigenen Gefühlen absehen muß. Ich kann nur wirklich erleben, wenn ich mich dem anderen oder dem anderen Menschen zuwenden kann, und damit muß ich über mich selber hinauswachsen. Das kann ich aber nur, wenn ich ein ausreichendes Maß an Selbstvertrauen in mir habe — den schon beschriebenen festen Boden in meiner Seele — von dem aus ich dann auch zu dem anderen Menschen hingehen kann. Wir werden dieses Problem noch bei der Frage der Einsamkeit deutlicher erleben und eingehender besprechen.

In der Depression ist die Gefühlsfähigkeit verhärtet. Das geschieht zumeist aus einer Angst vor dem eigenen Gefühl, aber auch aus Unsicherheit und Vereinsamung.

Wir alle leben in der Gefahr, daß unsere Erlebnisfähigkeit abstirbt. Wir sind erzogen in der Zeit zu leben und zu erleben, das heißt wir sind eigentlich nur in ganz geringem Maße gegenwärtig. Wir denken voraus, belasten uns mit Erwartungsspannungen und denken zurück und belasten uns mit dem „Wenn wäre" und „Wenn hätte". Hier setzt schon der Prozeß der Gefühlsverarmung ein. Wir können nur erleben und lieben, wenn wir auch wirklich gegenwärtig und ganz dem Augenblick aufgeschlossen sind. Wir leben aber zugleich in einer Welt, in der es normal ist, immer zu hetzen und zu jagen und niemals zu rasten. Wenn Menschen Zeit haben, dann müssen sie die Zeit vertreiben. Die Ruhe und Besinnung ist ein schönes Wort, aber es gibt eine große Industrie der sogenannten Freizeitgestaltung, die dafür sorgt, daß diese Elemente nicht hochkommen können. Ruhe und Besinnung sind aber Gegenwärtigkeit, sind ganz inniges Erleben des „Seins".

Irgendwann im Laufe eines Lebens ist dann einmal das Maß voll und die Gejagtheit und Gehetztheit, die Gegenwartslosigkeit nicht mehr tragbar. Jetzt verhärtet sich das Gefühl, weil es eigentlich nie gelebt worden ist und nie erleben durfte.

Sehr häufig tritt dieser Verhärtungsprozeß bei Frauen in den Wechseljahren Mitte der 40er Lebensjahre ein. Aber auch bei Männern erleben wir besonders gehäuft in dieser Phase depressive Entwicklungen. Sehr häufig kommt es dabei zu Selbstmordversuchen, die leider auch oft mit einem Todeserfolg enden. Im Grunde sind diese Selbstmordversuche aber anders orientiert und eigentlich nur ein Versuch, das bohrende unerfüllte Gefühl im Hintergrund der depressiven Situation einmal zu betäuben, einmal vor sich selber Ruhe zu haben. Diese Depression ist nämlich ein ungeheuer unruhiger Zustand eines von innen Zerwühlt-werdens. Oberflächlich zeigt sich das in einem völlig unfruchtbaren Grübeln und Zergrübeln, das oft den Schlaf stört. Im Hintergrund ist eine Spannung und Unruhe, die den Menschen jagt und dann zur Verzweiflung treibt. Die Ursache ist aber immer das ungelebte Gefühl, die nicht erfahrene Erlebnisfähigkeit.

Dabei beachten wir zumeist nicht, daß Erlebnisfähigkeit nicht abhängig ist von sogenannten großen Erlebnissen. Wer die Schönheit und das Wunder der Schöpfung nicht im kleinen Gänseblümchen erleben kann, kann es auch nicht in Acapulco oder in einem anderen als schön bekannten Ort. Hier müssen wir anfangen und hier müssen wir wieder — autogen — bei uns selber anfangen und hier sollten gerade junge Leser aufhorchen, denn hier liegt ihr eigenes Schicksal in ihrer eigenen Hand. Der Weg zur eigenen Erlebnisfähigkeit heißt nicht, Inhalt durch Masse zu ersetzen, wie es so oft gepredigt wird. Erlebnisfähigkeit ist nicht eine Fülle von Erlebnissen, rauschende Feste, Parties und vielfältige Liebeserlebnisse, sondern Erlebnisfähigkeit ist eine Gegenwärtigkeit, eine Einmaligkeit, ein Sich-aufschließen für die Begegnung mit einem Menschen oder einem Kunstwerk oder einer Landschaft. Erlebnisfähigkeit ist auch nicht Bestätigtwerden, wie wir es so oft sehen. Die Menschen glauben, daß ein großes Erlebnis darin liegt, daß sie Bestätigung erfahren oder von anderen gelobt und anerkannt werden. Sehr oft bezeichnet man das sogar als Liebe, aber es hat wirklich nichts damit zu tun.

So gesehen ist das Autogene Training eine Schule der Erlebnisfähigkeit und so gesehen wird erst recht deutlich, wie wichtig es ist, es immer fortlaufend zu üben, denn hier droht in jedem Lebensalter und an jedem Tage die Verhärtung, die Vereinsamung, und die Erstarrung zur Depression.

Natürlich kann man bei schweren Fällen dann nur noch Medikamente einsetzen, um das Leben einigermaßen erträglich zu machen, aber eine wirkliche Hilfe ist das nicht. Ich muß auch aus einer sehr weiten Erfahrung warnend darauf hinweisen, daß hier einer der wenigen Punkte ist, wo es einmal zu spät sein kann, mit dem Autogenen Training — oder auch mit der ärztlichen Hypnose — als Therapie anzufangen. Wenn der Verhärtungsgrad erst über ein gewisses Maß vorangeschritten ist, dann ist jede ursächliche Behandlung unmöglich geworden und dann kann man nur noch betäuben und mit Medikamenten dämpfen.

Wichtig ist aber hier für unsere — autogene — Betrachtungsweise — daß die Wurzel der Depression die enttäuschte Erlebnisfähigkeit ist, und diese Erlebnisfähigkeit wird bei uns täglich aufs neue durch die Hetze und das Jagen von der Vergangenheit in die Zukunft enttäuscht. Hier wurde das Autogene Training gewissermaßen zum Symbol: Der Augenblick der Ruhe und der Besinnung wird beschworen und gewissermaßen in formelhafter Konzentration zelebriert.

Horch! er singt es voll Gemüt.

(Aus Wilh. BUSCH: Herzverlockende Künste)

c) Ich bin einsam

Wie oft hört man dieses Wort auch von jungen Menschen. Wir leben in einer Zeit, in der die Einsamkeit scheinbar immer größer wird und das in einer Zeit, in der, wie nie zuvor, etwas für die Unterhaltung und die Zerstreuung des Menschen getan wird. Liegt es vielleicht nicht doch sogar daran, daß zuviel in dieser Richtung getan wird? Die Struktur unserer ganzen Lebensgestaltung und Entwicklung hat sich in den letzten hundert Jahren ganz einschneidend geändert. Früher wuchsen Kinder in den Kreis der Familie hinein und erlebten von Kind an alle Probleme des Lebens: Krankheit, Alter, Siechtum, Liebe, Schwangerschaft, Entbindung, Streit und Konfliktsituation. Diese von der Kindheit an erlebte und erfahrene Bezogenheit ist heute völlig aufgehoben. Kinder wachsen in der Regel nur im Bereich gleichaltriger oder sehr junger Menschen auf: im Kindergarten, in der Schule, mit jungen Kindergärtnerinnen und jungen Lehrern. Die Familie ist in sich gespalten: die Erwachsenen leben unter sich, haben ihre eigene Welt und in dieser eigenen Welt gibt es kaum ein Nachdenken, kaum ein Gespräch. Die Freizeit wird entweder zum Zeitvertreib mit Fernsehen und Parties, oder anderen oberflächlichen Geselligkeiten verwendet. Oberflächlichkeit ist überhaupt Trumpf. Nachdenken und Besinnung gibt es nicht mehr.

Die Kranken werden weggeschoben in das Krankenhaus, Kinder erleben nicht mehr die Problematik des Leidens. Die Entbindung erfolgt im Krankenhaus. Die Liebe wird zur orgasmusorientierten Selbstbefriedigung ohne Zärtlichkeit. Die Alten werden in das Altersheim abgeschoben. Viel wichtiger aber noch ist die Vereinsamung der einzelnen Menschen durch die sogenannten Massenmedien. Was früher als echte Kommunikation, als echte Verbundenheit den Menschen erfüllte, war das Gespräch, die Zärtlichkeit, die menschliche Bezogenheit. Das Fernsehen ist ein ganz großer Schadensfaktor, der ein Gespräch nicht zustande kommen läßt. Der Raum für gemeinsames Nachdenken, für gemeinsames Lesen, für gemeinsame Gespräche ist gestört, und die Geselligkeit ist zur Party mit langweiliger Oberflächlichkeit entartet. Liebe, Sport und Hobby sind dem Leistungsschema untergeordnet, und die eigene Besinnung spielt keine Rolle mehr.

Ich kann schließlich mit mir selbst alleine nichts mehr anfangen, ich brauche andere Menschen, ich brauche Zerstreuung, ich brauche Unterhaltung, ich brauche Anregung, weil ich in mir selber verarmt bin und das ist

Einsamkeit

Einsamkeit ist also keine Krankheit, die ich jetzt mit Medikamenten oder mit irgendwelchen Maßnahmen beheben kann, sondern sie ist die Folge meiner eigenen Fehleinstellung zum Leben und natürlich auch meiner eigenen Angst vor meinem eigenen Gefühl. Diese Oberflächenkommunikation mit Massenmedien — Fernsehen, Illustrierte, Comic-Strips — hat unmerklich die echte Kommunikation — die Verbundenheit im Gespräch, in der Zärtlichkeit und im Verstehen — abgelöst. Sie hat unmerklich die Menschen ausgelaugt und innerlich einsam werden lassen. Aber diese Dinge können wir heute nicht mehr ändern. Jeder muß vielmehr bei sich selber anfangen, in diesem Rahmen sich seine eigene Welt und sein eigenes Leben zu gestalten und sein eigenes Selbstvertrauen aufzubauen. Hier ist wieder das tragende Motiv: Ich möchte mich in mir selber wohlfühlen.

Vielleicht können wir aber doch in unserem eigenen kleinen Rahmen etwas ändern und bei unseren eigenen Kindern, bei unseren eigenen Eltern und bei unserem Ehepartner versuchen, diese Gemeinsamkeit wieder aufzubauen, ein gemeinsames Gespräch und ein gemeinsames Nachdenken zu pflegen. Hier ist natürlich auch ein breiter Raum für die emotionale Bezogenheit im Autogenen Training der Partnertherapie. Darüber wird aber im nächsten Kapitel noch eingehender gesprochen werden.

Im Gegensatz zur Depression können wir bei der Einsamkeit glücklicherweise nicht sagen, daß es einen Zustand gibt, in dem es zu spät sein könnte. Die Einsamkeit kann uns immer — gleich wie alt wir sind — lehren und belehren. Sie wird uns aber oft auch drängen, einmal über uns selber nachzudenken und den Weg zum eigenen Selbstvertrauen zu finden. Hier ist es auch nie zu spät, mit dem Autogenen Training anzufangen, um mit dieser zentral gerichteten Methode wieder den Weg zur Mitte und zum eigenen Gefühl zu finden. Erst wenn ich in mir selber wieder festen Boden gefunden habe, wenn ich in mir selber ruhe, bin ich auch für andere Menschen anziehend, gleich wie alt ich bin. Wenn ich aber die anderen Menschen suche, weil ich sie brauche, weil ich mit mir selber nicht fertig werde, weil ich in mir selber ausgelaugt bin, dann finde ich keine Liebe und keinen Kontakt; denn die anderen Menschen merken nur zu genau diese Leere und wenden sich davon ab, weil sie davon nicht angesteckt werden möchten, und das ist ein durchaus gesunder Instinkt.

Wir wollen mit dem Autogenen Training vorbeugen, wollen bei uns selber anfangen, die Ruhe und den Boden für nachdenkliche gedankliche Aufgeschlossenheit zu bereiten und damit auch für andere Menschen richtungsweisend zu werden.

Es heißt in der Bibel: liebe deinen Nächsten wie dich selbst! Es heißt nicht: hasse dich und sei für deinen Nächsten da, sondern liebe dich selbst. Hier müssen wir anfangen, erst wenn ich in mir selber einen festen Boden gewonnen habe, kann ich für meinen Nächsten da sein und ihn lieben. Alles andere ist ein Sich-Anklammern oder ein Bestätigt-Werden-Wollen. Wie oft belasten ältere Menschen ihre eigenen Kinder mit dem Anspruch, daß diese jetzt für sie da sein müßten, weil sie sonst einsam würden. Damit stoßen sie aber praktisch die Kinder aus dem Haus und von sich weg und können mit diesem Anspruch nicht gutmachen, was sie früher an Zuwendung versäumt haben. Zuwendung heißt dabei nicht im üblichen Sinne geben und sorgen, sondern heißt vor allem, die Atmosphäre des Verstehens schaffen und die Atmosphäre des nachdenklichen Gespräches gestalten.

Es ist nie zu spät zur Besinnung und zum Anfang, mit dem Autogenen Training zum eigenen Selbstvertrauen zu finden. Es ist aber auch nie zu früh, vorbeugend damit anzufangen.

„Himmel" — ruft sie — „welches Glück!!"
(Knopp sein Schweiß, er tritt zurück)

(Aus Wilh. BUSCH: Eine alte Flamme)

d) Ich kann nicht lieben

Hinter diesem Notschrei verbergen sich vielfältige Störungen. Angefangen von einer Hemmungsneurose, einer allgemeinen Kontaktstörung, einer umweltorientierten Persönlichkeitsbelastung, zu sehr schweren und massiven Persönlichkeitsstörungen im Sinne eines völligen Unterdrückens der Gefühlswelt, eines ganz fehlenden Vertrauens zum eigenen Gefühl überhaupt. Die manifesten Störungen im Sexualverhalten sind dabei bei Männern Impotenz und vorzeitiger Samenerguß und bei Frauen Anorgasmie (Gefühlskälte) und Scheidenkrampf. In allen Fällen steht dahinter eine seelische Not und eine Störung des Selbstvertrauens. Hier also müßte die Therapie ansetzen und ein eigenes Selbstvertrauen stufenweise aufbauen. Alle anderen Behandlungsformen mit Medikamenten oder analytischen Gesprächen können diesen Weg nicht ersetzen, im Gegenteil, sie verbauen ihn oft.

Es ist wichtig zu wissen, daß die ärztliche Hypnose genauso wie das Autogene Training durch die sogenannten Psychopharmaka gestört wird. Die Psychopharmaka bilden einen Schirm über die Seele und über das Gefühl. Dieser Schirm ist bei schweren Geisteskrankheiten unbedingt notwendig und unerläßlich, aber nicht bei seelischen Störungen, die wir hier im Blickpunkt haben. Bei diesen Störungen des Verhaltens und des Gefühls wird dieser Schirm jede Therapie unmöglich machen und bestenfalls nur einen Zustand einer Beruhigung und Erschlaffung herbeiführen. Eine Lösung ist er nie.

Wir müssen dazu aber doch einiges von der Not des

Menschen verstehen, der nicht lieben kann. Hier liegt zunächst wieder einmal eine ganz umfassende kollektive Neurose vor, die jeden Menschen mehr oder weniger belastet und um die wir wissen müssen. Genauso wie sich die Familienstruktur und die Entwicklung des einzelnen Menschen in diesem Rahmen in den letzten hundert Jahren völlig geändert hat, hat sich auch die Einstellung zum Sexualgeschehen gewandelt. Früher war eine puritanische Verlogenheit im Vordergrund, der alles tabu war und die jedes sexuelle Geschehen als schlecht ansah. Das hat sich inzwischen sehr gewandelt, und wir sind scheinbar heute sehr aufgeklärt. Heute kann das Sexualgeschehen gar nicht deutlich genug gezeigt werden und man fragt sich, ob hier eigentlich noch eine Intimsphäre ist. Scheinbar besteht das ganze gemeinsame Leben und Erleben nur aus Orgasmus und sexueller Leistung. Das ist mit Sicherheit genauso verlogen wie der Puritanismus früherer Zeiten.

Hier wie dort wird einmal durch das Verneinen und dann durch das Überbetonen der körperlichen Bezogenheit der wirkliche Hintergrund belastet und erschwert. Lieben ist doch zunächst einmal Zärtlichkeit und eine geistige und körperliche Bezogenheit. Aus dieser Atmosphäre einer geistigen Zärtlichkeit kann dann die körperliche Verbundenheit selbstverständlich wachsen. Sie wird bei einem ehrlichen Bemühen auch kein Problem sein, sondern wirklich selbstverständlich werden.

Ganz anders ist es dort, wo das Leistungsprinzip gewissermaßen in die Intimsphäre hineingreift und die Befriedigung, der Orgasmus, das einzige Ziel der ganzen Gemeinsamkeit darstellt. Dieses Leitbild hat sich durch die sogenannte Aufklärung in Filmen und Pornographie immer mehr in die Seele der Menschen eingefressen und führt hier zu Störungen, die aus sich heraus schon die genannten Symptome auslösen können. Es kommt sogar so weit, daß durch diese leistungsbezogene Einstellung zur Liebe die eigentliche Zärtlichkeit und Liebesbezogenheit gar nicht aufkommt, ja sogar oft verachtet und weggeschoben wird. Hier mischen sich natürlich auch schon Elemente eigener Unsicherheit gegenüber dem eigenen Gefühl ein.

Unabhängig von diesen von der Umwelt ausgelösten Beeinflussungen einer gesunden Liebeszuwendung gibt es aber in der Entwicklung eines jeden Menschen vielfache Störungen und Spannungen, die sich dann auch hier mit auswirken. Die genannten Störungen im Sexualverhalten sind zumeist nur die Spitze eines Eisberges und dahinter stehen schwere seelische Störungen und Konflikte, die aus der ganzen Entwicklung heraus gewachsen sind.

Wir lernen alle zunächst die Leistung, das „Du mußt“ und sollten aber eigentlich den ersten Schritt lernen und der heißt „Ich bin“. Diese Leistungsbezogenheit setzt sich in der weiteren Entwicklung des Menschen fort, und der Inhalt wird vernachlässigt. Der Inhalt aber ist Gefühl und Selbstvertrauen. So mischen sich dann auch in die ersten Beziehungen zum „Du“ sehr viele Elemente des Geltungsstrebens neben echten erotischen Strebungen. Dabei bietet sich die Isolierung des Triebhaften von der Zärtlichkeit geradezu an und stellt eine Vereinfachung dar, die jeder unsichere Mensch nur zu gerne ergreift, und gar nicht merkt, wie sehr er sich damit selber um das schönste in seinem Leben betrügt.

Besonders in der Partnertherapie des Autogenen Trainings hat sich hier eine Möglichkeit entwickelt, die immer mehr Beachtung findet. Wir erleben ja gerade bei sexuellen und erotischen Störungen zwischen Partnern in der Freundschaft und in der Ehe, daß die beiden Partner aus gutem Glauben anfangen, die Dinge zu bereden und zu zerreden. Es kommt zu oft zu einem Rechten und einem Zerstreiten und Zerreden der ganzen Vorstellungen, die zwischen diesen beiden Menschen belastend stehen. Dadurch kommen sie sich nicht näher, sondern entfernen sich immer weiter.

Bekannt sind die nicht endenden Auseinandersetzungen, die zur völligen Zerrüttung einer Ehe oder einer Freundschaft führen. Nächtelang wird diskutiert und geredet und geredet und nie kommt man sich näher.

In der Partnertherapie kommt es auf etwas ganz anderes an, nämlich auf das Sich-fühlen. Einfach nebeneinanderliegen und miteinander diese Versenkung im Autogenen Training erleben. Die Technik ist außerordentlich einfach, aber beide Partner müssen in einer Gruppe für sich das Autogene Training gelernt haben. Sie legen sich dann nebeneinander in die Rückenlage, so daß die einander zugewandten Hände, sich ganz leicht berühren können. Sonst liegen die Arme wie immer in der Rückenlage locker neben dem Körper und die Beine locker nebeneinander. Dann fängt der eine Partner an, die erste Formel leise zu sprechen und zu wiederholen:

Ich bin ganz ruhig . . .
Ich bin ganz ruhig . . .
Ich bin ganz ruhig . . .

Dann übernimmt der andere Partner die nächste Formel in der gleichen Weise, sobald der anfangende Partner eine Pause macht. So geht es dann weiter fort bis zum Sonnengeflecht oder bis zur Stirn-Nacken-Formel und dann erfolgt in gemeinsamer Form wieder die Rücknahme. Am Ende heißt es dann:

„Wir sind ganz ruhig!"

Dann werden die Arme fest angewinkelt, tief einatmen, Augen auf und ausatmen.

Dieses gemeinsame Erleben schafft zwischen den Partnern eine ganz neue Basis eines gemeinsamen Fühlens und damit den Anfang eines miteinander Vertrautwerdens.

Wenn körperliche Störungen im Sinne der genannten Sexualstörung bestehen, dann sollte längere Zeit jeder Versuch einer sexuellen Verbindung unterbleiben. Zärtlichkeit und Petting ist jedoch erlaubt und sollte auch besonders gefördert werden. Auf jeden Fall aber sollte die Absicht eines sexuellen Kontaktes zunächst unterbleiben. Wichtig ist jedoch das gemeinsame Üben, das am besten dann die Partner jeden Tag einmal gemeinsam durchführen. Die eigenen Übungen des Autogenen Trainings dürfen deswegen aber nicht vernachlässigt werden.

Wichtig ist hierbei aber auch immer wieder, daran zu denken, daß Liebe nicht machbar ist. Natürlich kann man ES machen und sogar kaufen, aber das hat mit Liebe wirklich nichts zu tun, sondern ist nur eine veränderte Form der Selbstbefriedigung. Die gesunde Einstellung selbst ist jedoch im Grunde bei jedem Menschen vorhanden und mit Sicherheit gegeben. Es kommt hier wie bei allen anderen Situationen nur darauf an, sie auch zu finden und diese gesunde Grundlage zum Mittelpunkt des eigenen Verhaltens werden zu lassen. Das ist aber wiederum genauso das Selbstvertrauen wie bei der Angst, bei der Depression und bei der Einsamkeit. Deswegen muß auch hier Verständnis gefunden werden für die Tatsache, daß man nicht einfach das Autogene Training erlernt und damit beheben sich dann diese Störungen. Das braucht Zeit und regelmäßiges Üben, es braucht ein ehrliches Bemühen und ein Suchen, um diese Wurzeln der Liebeskraft im einzelnen Menschen und in der Gemeinsamkeit zu finden. Der Weg aber ist immer wieder das Autogene Training und diese Betrachtungen aus der autogenen Perspektive sollen hinführen, das regelmäßige Weiterüben auch von innen zu verstehen und zu erfüllen. Auch hier liegt natürlich die große Bedeutung in der Vorbereitung und Vorbeugung. In der Vorbereitung einer gesunden und starken Liebesfähigkeit für Mann und Frau und in der Vorbeugung vor Schädigungen und falschen Einstellungen. Gerade diese nachdenklichen Betrachtungen sind dabei wichtig, um sich von falschen Einstellungen zu befreien, die jeden Menschen unmerklich mehr oder weniger befallen und formen.

Auch im kirchlichen Bereich bestehen heute noch vielfältige bizarre Vorstellungen über Schädlichkeit und Sündhaftigkeit der Liebe. Der bekannte Münchner Psychotherapeut DR. SCHAETZING hat in seinen Veröffentlichungen über die ekklesiogene Neurose diese heute noch vorhandenen Mißstände angeprangert und offen ausgesprochen. Es ist außerordentlich wichtig, um diese Zusammenhänge zu wissen. Gerade in dem Brauchtum der Kirchen und Religionen verhärten sich oftmals kollektive Neurosen und werden dann zu einer erheblichen Schädigung. Auch hier sollte die Erkenntnis im Vordergrund stehen: Ich muß zuerst bei mir selbst anfangen und hier erstmal eine klare Atmosphäre und einen festen Boden schaffen. Das ist auch die wichtigste Voraussetzung für das Gebet und für die Zuwendung zu Gott, genauso wie jedes ehrliche Bemühen um Liebe, Erlebnisfähigkeit und Zärtlichkeit.

Indes die Hitze wird zu groß;
Er strampelt sich schon wieder los;

(Aus Wilh. BUSCH: Der hohle Zahn)

e) Ich kann nicht schlafen

Die moderne Schlafforschung zeigt, daß der gesunde Schlaf keineswegs ein gleichmäßiger Ruhezustand ist, sondern ein hochdynamischer Ablauf. Die Hirnstromableitungen während des Schlafes geben genaue Auskunft über die Schlaftiefe und die Schlafqualität. Wir unterscheiden verschiedene Schlafstadien je nach der Form der Hirnstromwellen, die sich mit tieferem Schlaf verlangsamen und deutlich verändern. Jeder gesunde Schläfer wird in der Nacht etwa vier-bis fünfmal fast wach oder auch ganz wach, merkt das aber im allgemeinen nicht. Kurz vor dieser Wachphase macht er eine ganz merkwürdige Schlafphase durch, bei der die Hirnstromwellen hochaktiv werden — etwas aktiver noch als im Wachzustand — aber der Schläfer ist dabei nur sehr schwer zu wecken und schläft objektiv ganz tief. Dabei bewegen sich seine Augäpfel sehr stark bei geschlossenen Augenlidern. Diese — paradoxale oder REM (Rapid-Eyes-Movement) — genannte Phase hat eine ganz besondere Bedeutung für die Qualität des Schlafes. Reihenuntersuchungen haben gezeigt, daß die Schläfer, die während der Untersuchung kurz vor Eintreten dieser Phase immer geweckt wurden, sehr deutliche Störungen (Verstimmungen, vegetative Fehlsteuerungen) bekamen, während vergleichsweise Versuchspersonen, die genauso oft geweckt wurden, aber niemals in der REM-Phase, überhaupt keine Störungen hatten.

Für unsere Betrachtung ist dabei vor allem wichtig, daß alle Schlafmittel und auch Alkohol in größeren Mengen diese REM-Phasen wegnehmen oder erheblich vermindern.

Was wir schon oben über die beruhigungs- und stimmungsbeeinflussenden Medikamente sagten, trifft für die Schlafmittel genauso zu. Sie bilden einen Schirm, der den Zugang zur Seele erschwert oder unmöglich macht. Ein Schlafmittel einzunehmen und dann das Autogene Training zu üben, ist völlig unsinnig. Diese konzentrative Übung kommt dann einfach nicht mehr in der Tiefe der Seele an und bleibt ganz oberflächlich. Dieselbe Störung durch Schlafmittel erleben wir bei der Hypnose, wie ich in mehreren Versuchsreihen mit Hirnstromableitungen nachweisen konnte. Schlafmittel sind aber vor allem deswegen bei Schlafstörungen nicht zur Behandlung angezeigt, weil wir die REM-Phasen wegnehmen und den gesunden Schlaf damit erheblich stören. Wahrscheinlich ist die schädliche Wirkung der Schlafmittel neben der rein giftbedingten Leberschädigung vor allem hierin zu suchen. Menschen, die längere Zeit regelmäßig Schlafmittel einnehmen, bekommen fast immer vegetative Störungen oder auch erhebliche neurotische Störungen, die nur durch diese chemischen Mittel ausgelöst werden.

Natürlich muß der Arzt manchmal in besonderen Situationen — nach Operationen oder nach sehr schweren seelischen Belastungen — vorübergehend Schlafmittel verordnen, aber das darf immer nur eine Übergangslösung sein und niemals zur Gewöhnung werden. Es darf auch niemals gesagt werden, daß diese Schlafmittel zur Behandlung einer Schlafstörung angezeigt sind.

Worin bestehen denn überhaupt Schlafstörungen? Es ist doch wieder dasselbe Problem, wie wir es aus unserer autogenen Lebenseinstellung bei allen Störungen gefunden haben. Es fehlt die Vertrautheit mit dem eigenen Lebensgeschehen und dem eigenen vegetativen Rhythmus. Wenn ich schlafen **will,** kann ich niemals schlafen.

Ich muß lernen, daß ES schläft. Ich muß das Vertrauen zu meinem eigenen vegetativen Rhythmus finden und mich einfach einmal diesem Rhythmus anheim geben.

Hier liegen natürlich bei den meisten Menschen erhebliche Störungen vor. Wir haben immer nur gelernt: Du mußt dich beherrschen, du mußt dich in der Gewalt haben, du darfst dich nicht gehenlassen. Wir lieben alle keine unbeherrschten Menschen, aber hier sind einfach ganz andere Voraussetzungen gegeben, denn ich muß mich zum Schlaf gewissermaßen in mir selber fallenlassen können, ich muß mich vor mir selber gehenlassen können und brauche hier nicht die Maske zu tragen, die ich sonst im Alltag immer haben muß.

Das ist die wichtigste Voraussetzung des gesunden Schlafes. Sehr häufig erleben Menschen, die am Tage unter einer unbewußten oder bewußten Willensanspannung stehen, dann kurz vor dem Einschlafen ein ruckartiges Zucken, das einen schnellen Wachzustand wieder herstellt und dann den Schlaf erheblich stört. Hier ist gewissermaßen eine Instanz im Hintergrund des Unbewußten, die sich einschaltet und nicht zuläßt, daß der Betreffende sich einmal fallenläßt, sich einmal dem eigenen Rhythmus hingibt. Diese Instanz ist natürlich eine Unsicherheit und zeigt nur an, daß hier kein wirkliches Vertrauen zum eigenen Gefühl vorhanden ist. Diese Instanz wird deswegen gebraucht, aber sie stört natürlich erheblich und läßt sich niemals mit Medikamenten beheben.

Das Autogene Training hat hier die souveräne Position im gesamten Bereich der Therapie. Das Autogene Training schafft eine Einstellung zum Unbewußten, zum ES, die die Voraussetzung für einen gesunden Schlaf ist.

Wir haben mit Hirnstromableitungen kontrollieren können, daß bei Schlafstörungen das Autogene Training sehr schnell wieder vermehrte REM-Phasen erzeugt. Versuchspersonen, die längere Zeit wach gelegen haben und nicht einschlafen konnten und dadurch erst nach Mitternacht oder noch später den Schlaf fanden, hatten dann erheblich verlängerte und vermehrte REM-Phasen, wenn sie vorher in der schlaflosen Phase das Autogene Training geübt hatten. Natürlich darf man am Abend oder in der Nacht das Autogene Training nie zurücknehmen, sondern läßt sich dann aus dem Ruhezustand in der Konzentration auf das Sonnengeflecht oder auf die Stirn-Nacken-Formel langsam in die Ruhe der Nacht hineingleiten.

Trotzdem schleicht sich leicht die hintergründige Absicht ein: Jetzt trainiere ich – dann muß ich aber auch schlafen! Es geht einzig und allein darum, das Vertrauen zum eigenen Unbewußten, zum eigenen Gefühl, zum ES zu finden, und dann stellt sich der gesunde Schlaf von ganz alleine ein. Hier erleben wir das bionome Gesetz der autogenen Steuerung und hier alleine liegt der Zugang zu einem gesunden und erholsamen Schlaf. Natürlich wird das Autogene Training auch nur dann wirken, wenn es auch am Tage regelmäßig weitergeübt wird. Wenn diese Übung überhaupt immer nur zur Nacht gemacht wird, dann ist ja schon ganz hintergründig der Hintergedanke **„ich will schlafen“** und damit wird diese wunderbare Konzentrationsübung im Kern gestört.

Natürlich sollten wir beim Schlaf auch andere Voraussetzungen bedenken. Es kommt darauf an, eine Situation zu schaffen, in der man sich möglichst wohl fühlt. Getrennte Schlafzimmer sind keineswegs ein Zeichen einer gestörten Ehe, sondern zumeist vielmehr ein Zeichen einer Achtung des eigenen Verhaltens. Gerade das eigene Verhalten muß hierbei beachtet werden, und wer abends gerne noch länger liest oder leise Musik hört, der sollte dem auch nachgeben können, ohne den anderen zu stören. Die Kleidung zur Nacht beziehungsweise das Weglassen der Kleidung überhaupt und die Beschaffenheit der Decken ist ein weiterer Faktor, der das Wohlbefinden erheblich steigern oder auch vermindern kann. Hier sollte jeder die für sich angenehmste und beste Voraussetzung schaffen und darüber auch einmal ruhig nachdenken und etwas probieren, denn es ist schon sehr wichtig, ausreichend und vor allem auch gesund zu schlafen.

Die Frage der Ernährung ist ebenfalls individuell sehr unterschiedlich. Es gibt Menschen, die nach einem schweren Abendessen gut einschlafen und andere wiederum die unbedingt nur leichte Kost vertragen. Mancher schläft gut nach einer starken Tasse Kaffee, andere dürfen wiederum am Nachmittag schon keinen Tee mehr trinken, und hier muß jeder seine eigenen Erfahrungen sammeln und sich danach auch richten. Das gleiche gilt für den sogenannten besten Schlaf vor Mitternacht. Das ist nicht unbedingt immer richtig und viele Menschen gehören zu dem Typ des Spätschläfers, die erst nach Mitternacht müde werden und dafür am Morgen auch länger schlafen sollten, wenn es sich irgend ermöglichen läßt.

Hier ergibt sich die weitere Frage der Schlafstörungen durch äußere Notwendigkeiten. Der Schichtarbeiter oder auch der Reisende, der durch einen Interkontinental-Flug in eine ganz andere Zeitumgebung versetzt worden ist, haben hier oft erhebliche Schwierigkeiten.

Aus dem Autogenen Training ist deswegen die Schlafkybernetik entwickelt und davon abgeleitet worden, die sich vorwiegend auf die Behandlung der Schlafstörungen bezieht, die durch äußere Umstände ausgelöst werden, wie also bei Schichtarbeitern oder Interkontinental-

Reisenden. Hier kann man die Erfahrung, daß die genannten Wellen, die während des Schlafens auftreten, sich am Tage in gemilderter und verlängerter Form fortsetzen, ausnützen. Man kann mit einer kurzen Konzentration — der Schlafkybernetik — diese Ermüdungsphasen am Tage künstlich und kurzfristig schaffen und dadurch den Wellenrhythmus jeweils der neuen Zeit schnell anpassen. Wer das Autogene Training kann, braucht die Schlafkybernetik nicht zu lernen, denn er hat damit eine viel bessere Möglichkeit. Er sollte aber dann die Voraussetzungen für den zeitlichen Einsatz der autogenen Trainingsübung heranziehen, die in dem Buch „Der gesteuerte Schlaf" genau dargestellt sind. Hier sind dann auch Anweisungen gegeben, ob das Autogene Training wieder zurückgenommen werden soll oder in eine Ermüdungsphase hineingleiten soll. Auf jeden Fall haben wir mit diesem System, das hier nur ganz kurz angedeutet werden kann, eine Möglichkeit, diese doch oft erheblichen Störungen durch umweltbedingte Schlafveränderungen ohne Medikamente zu beheben.

Für den Schlaf gilt also auch das bionome Grundgesetz:

Der Schlaf ist nicht machbar, aber wir können mit einer konsequenten Konzentration den Weg zum eigenen Rhythmus und zur eigenen — autogenen — vegetativen Steuerung finden: dann schläft „ES" und dann ist alles in Ordnung.

Vermeinend, daß aus dieser Beschwer
Nirgend ein Ausgang zu finden wär'!

(Aus Wilh. BUSCH: Der hl. Antonius von Padua)

f) Ich habe Schmerzen

Die Schmerzproblematik ist nun eine ganz neue Perspektive des Einsatzes der autogenen Trainingsübung. Wir haben sehr große Erfahrungen mit der Schmerzausschaltung in der ärztlichen Hypnose gemacht. Es gelingt, größere Operationen ohne Narkotika durchzuführen, ohne daß die Patienten dabei Schmerzen empfinden. Mit dem Autogenen Training können wir zwar nur selten diese ganz starke Schmerzausschaltung erzielen, aber doch bei einiger Geduld eine erhebliche Schmerzlinderung erreichen. Körperliche Schmerzen sind ja im allgemeinen durch rein äußerliche Einwirkungen bedingt. Sei es durch Entzündungen, sei es durch Verletzungen oder durch köperliche Erkrankungen. Wir können natürlich mit dem Autogenen Training diese ursächlichen Störungen nicht behandeln oder verändern, aber wir können die Auswirkung in der Form der starken Schmerzen beheben, ohne chemische Mittel nehmen zu müssen oder zumindest unter erheblicher Reduzierung der Medikamente. Chronische krankheitsbedingte Schmerzzustände wie etwa bei Rheumatikern oder vielen anderen Krankheiten, kann man mit dem Autogenen Training erheblich mindern und erträglich gestalten. Gerade hier ist das Autogene Training von entscheidender und lebenserhaltender Bedeutung, denn bei diesen chronischen Krankheiten führt die chronische Einnahme von schmerzstillenden Medikamenten zu erheblichen und bedrohlichen Zerstörungen.

Das Prinzip der Schmerzlinderung liegt daher genau wie bei der ärztlichen Hypnose in der Umwandlung der Schmerzen in Wärme. Die Verwandtschaft von Schmerz und Wärme ist außerordentlich groß, aber während der Schmerz aus sich heraus keine Brücke zu einer Linderung findet, ist die Wandlung bei der Wärme von einer brennenden Hitze zu einer angenehm strömenden Wärme immer möglich. Nur in Sonderfällen, bei denen der Schmerz mit einer sehr starken Wärmeempfindung verbunden ist — wie es zum Beispiel bei entzündlichen Erkrankungen häufig der Fall ist — muß statt dessen die Kälte eingesetzt werden. Auch hier läßt sich die Staffelung von einer eisigen, schneidenden Kälte zu einer strömenden Kühle und einer angenehm strömenden Kühle gestalten und damit der Schmerz dämpfen.

In der Praxis sieht das so aus, daß nach der Formeleinstellung: **der rechte Arm strömt warm** — eine strömende Wärme an die betreffende Körperstelle gelenkt wird. Es handelt sich hierbei allerdings nur um Schmerzen, die im Bereich der Peripherie des Körpers vorhanden sind: also in Armen und Beinen, in Hüftgelenken, Schultergelenken und — als einzige Ausnahme — an den Zähnen. Bei all diesen Schmerzempfindungen wird nach der Formel: der rechte Arm strömt warm — die Formel eingestellt: der linke Fuß beziehungsweise die rechte Schulter oder was auch immer, ist strömend warm. Dann kommt die Formel:

Der Schmerz wandelt sich in Wärme.
Eine brennende Hitze,
Eine brennende Wärme,
Eine strömende Wärme,
Eine angenehm strömende Wärme.

Wenn der Patient das Gefühl hat, daß seine Schmerzempfindung mit einer starken Hitzeentwicklung verbunden ist und er lieber die Kälte haben möchte, dann kann er genauso nach der Formel: **„Der rechte Arm strömt warm“** einschalten:

Das rechte Hüftgelenk (oder ein anderer Körperteil) wird eisig kalt,
Die Schmerzen wandeln sich in Kälte,
Eine eisige Kälte,
Eine strömende Kälte,
Eine strömende Kühle,
Eine angenehm strömende Kühle.

Auch bei Zahnschmerzen wird die Formel an die Wärmeempfindung im rechten Arm angehängt:

Im rechten Unterkiefer (oder einem anderen Teil der Zahnleiste) eine strömende Wärme,
Die Schmerzen wandeln sich in Wärme,
Eine brennende Hitze,
Eine brennende Wärme,
Eine strömende Wärme,
Eine angenehm strömende Wärme.

In Sonderfällen, bei denen die Zahnschmerzen mit einer sehr starken entzündlichen Hitze verbunden sind, kann genauso wie bei den anderen Köperteilen die eisige Kälte eingesetzt und dann in eine strömende Kühle gemildert werden. Während einer Zahnbehandlung bei einem Zahnarzt sollte immer dann, wenn der Bohrer oder ein anderes Instrument angesetzt wird, die brennende Hitze beziehungsweise die eisige Kälte konzentriert eingestellt werden und dann, wenn die therapheutische Funktion aussetzt, die Überleitung in strömende Wärme oder Kühle erfolgen.

Die Schmerzdämpfung in diesen peripheren Bereichen soll also immer nach der Konzentration auf die Wärme im rechten Arm erfolgen. Ob der Übende dann nachher noch das Autogene Training bis zum Sonnengeflecht oder zur Stirn-Nacken-Formel weiterübt, ist ihm selbst überlassen. Gerade bei chronischen Schmerzen ist es oft so, daß der Patient lieber längere Zeit in der Schmerzumwandlung in Wärme verharrt (10 bis 20 Minuten) und dann gleich wieder zurücknimmt. Er kann es dann ohne weiteres fortlaufend am Tage üben und wird dabei erleben, daß jede Übung immer weitere Linderung bringt.

Anders bei den Schmerzen, die sich im Körperraum oder am Kopf abspielen. Bei der Migräne oder anderen Kopfschmerzen ist natürlich die Stirn-Nacken-Formel die angezeigte Behandlungsform. Sie kann während eines Anfalls dadurch unterstützt werden, daß vor dem Beginn der Übung der Übende eine Rolle in den Nacken legt. Diese Rolle wird folgendermaßen hergestellt: ein Frottéehandtuch wird zusammengerollt und in ganz heißes Wasser getaucht. Dann wird es ausgedrückt, so daß es nur noch feucht, aber sehr heiß ist, und darauf legt der Patient dann seinen Nacken und fängt dann mit dem ganzen Autogenen Training an. Bei der Stirn-Nacken-Formel ist dann die Vorbereitung des warm strömenden Nackens schon getroffen. Er kann sich damit eine wesentlich schnellere und durchgreifendere Linderung schaffen. Im übrigen sollen alle, die unter Kopfschmerzen leiden, regelmäßig die Stirn-Nacken-Formel mitüben und werden dabei erleben, daß sie zu einer ganz deutlichen Linderung kommen.

Andere Schmerzen im Körperbereich werden dann auch wieder in Wärme umgewandelt, aber am besten von der strömenden Wärme im Sonnengeflecht abgeleitet. Hierbei können Zusatzformeln frei gestaltet werden, bleiben aber immer im selben Entwicklungsgesetz. Bei Schmerzen in der Gallengegend beispielsweise wird die Formel: das Sonnengeflecht strömt warm — abgewandelt:

Die Wärme strömt zur Leber,
Die Schmerzen wandeln sich in Wärme,
Eine brennende Hitze,
Eine brennende Wärme,
Eine strömende Wärme,
Eine angenehm strömende Wärme.

Das gleiche kann bei den oft sehr quälenden Herzschmerzen unter dem Brustbein bei Angina pectoris oder anderen Herzkrankheiten ohne Gefahr angewandt werden. Natürlich wird die Herzkrankheit dadurch im Grunde nicht verändert, aber der oft sehr quälende Schmerz kann behoben werden. Viele Untersuchungen deuten darauf hin, daß der Schmerzfaktor gerade beim Herzinfarkt eine außerordentlich gefährliche Erscheinung ist, die in der ärztlichen Indikation so bedeutungsvoll ist, daß hier zuerst angegriffen werden muß. Ein Patient, bei dem Verdacht auf Herzinfarkt besteht, soll zuerst mit schmerzlindernden Medikamenten, unter Umständen mit Morphium, behandelt werden. Das kann jeder, der das Autogene Training kennt, selber noch viel besser machen, wenn er dann die Wärme vom Sonnengeflecht unter dem Brustbein aufsteigen läßt und hier die Schmerzen in eine brennende Hitze und dann in eine strömende Wärme verwandelt.

Jeder der das Autogene Training regelmäßig übt, ist dann sofort in der Lage, nach diesen Regeln sich selber helfen zu können. Auch das ist wieder ein wichtiger Hinweis für unser Thema: Das Autogene Training muß regelmäßig geübt werden. Es darf keinen Tag ausgesetzt werden.

Die Spannung steigt, der Drang wird groß
Nur still! gebt acht! — gleich drückt er los

(Aus Wilh. BUSCH: Die Prise)

g) Ich bin gestört

Wir kommen nun zum Abschluß unserer Wanderung durch die vielfältigen Krankheiten und Störungen, die wir uns aus der Perspektive der autogenen Lebenseinstellung angesehen haben. Es gibt viele Störungen, die hierbei noch nicht erwähnt worden sind und die doch genauso in den Kreis dieser Betrachtung gehören, weil sie eben Störungen der Gesundheit sind. Das heißt: Wir müssen sie vorwiegend betrachten als eine Beeinträchtigung der Gesundheit und weniger als Krankheit. Wir müssen therapeutisch mehr darauf bedacht sein, die Gesundheit stark zu machen und zu stabilisieren und nicht so sehr die Krankheit zu schädigen, als vielmehr die Krankheit zu verstehen und davon zu lernen.

Im Mittelpunkt dieser letzten Betrachtung steht das vegetative Nervensystem, das alles automatische Körpergeschehen steuert und lenkt. Es ist ein Wunderwerk, das an sich völlig narrensicher und gegen alle Belastungen gewappnet ist. Nur eine Belastung schafft dieses vegetative System nicht, und das ist die Belastung durch unsere eigene menschliche Fähigkeit, mit dem Bewußtsein und dem Verstand gegen unser eigenes Gefühl arbeiten zu können. Das ist eine ausgesprochen menschliche Fähigkeit, die allerdings sehr zweischneidig ist. Sicher ist Bewußtsein und Verstand eine wunderbare Errungenschaft, aber daß sie sich gegen uns selber wendet, ist in einem kleinen Teil auch doch wohl unsere eigene Schuld und sollte von uns einmal nachdenklich betrachtet werden.

Das vegetative Nervensystem ist das Prinzip des Lebens schlechthin. Es ordnet schon bei den Einzeller-Lebewesen die ganze Funktion. Wenn eine Amöbe im Wasser treibend auf ein Stückchen Plankton stößt, dann dellt sich diese einzelne Zelle ein und umfängt dieses Stückchen Plankton und saugt durch die Zellwand die Bestandteile auf, die die Zelle gebrauchen kann. Das ist die Urform der Ernährung. Beim Menschen ist es unendlich viel verfeinert, und die vegetative Steuerung programmiert den ganzen Verdauungsprozeß schon vom Psychischen her. Wenn das Wasser im Munde zusammenläuft, weil eine Speise gut zubereitet ist, dann ist es schon der erste vorbereitende Vorgang, der rein psychisch ausgelöst wird. Auch der Geschmack ist eine weitgehend psychische Funktion und steuert nun wiederum und programmiert die weitere Verdauung, die Zusammensetzung der Magensäfte, die Absonderung der Bauchspeicheldrüse und der Galle und aller anderen Fermentorgane im Verdauungstrakt. Wenn wir hastig essen, das Essen in uns hineinschlingen und ohne Freude dabei sind, dann führt das natürlich zu Störungen und wir fangen an, uns gewissermaßen von innen her aufzufressen. Die Magenschleimhaut sondert vielfältige Säfte, Säuren und Fermente ab, die die Speisen im Magen zersetzen und die Verdauung einleiten. Die Magenschleimhaut selbst schützt sich durch eine Schutzschicht, daß sie nicht selber angefressen wird. Wenn die Durchblutung aber nicht ausreicht, die vegetative Steuerung nicht richtig funktioniert, dann kommt es dazu, daß der Mensch sich selber im wahrsten Sinne des Wortes auffrißt. Die Magenschleimhaut wird angegriffen und zersetzt sich selbst, und es kommt dann oft zu starken Blutungen und sogar auch zu Durchbrüchen der Magenwand.

Nicht zu Unrecht sagt das Sprichwort, daß ein Mensch alles in sich hineinfrißt und damit nicht fertig wird, es nicht verdauen kann und meint damit die seelische Belastung des unsicheren Menschen, der kein Selbstvertrauen hat. Wir kommen jetzt zum erstenmal zu dem ganz typischen Erscheinungsbild der sogenannten Autoaggression, des sich selber Zerstörens. Bei den hier genannten Störungen handelt es sich durchweg um derartige Autoaggressionen und wir wollen einmal versuchen, den Hintergrund dieses erheblich belastenden Vorganges zu erfassen.

Eine Autoaggression ist genauso die Darmentzündung, die sogenannte Colitis ulcerosa oder Colica mucosa, die zumindest im Anfang ausschließlich psychisch bedingt ist und zu schweren Störungen in der Verdauung führt. Oft hilft hier nur noch eine Operation, bei der große Teile des Darms entfernt werden müssen. Auch das hinterläßt natürlich einen schwergestörten Menschen. Das, was rausgeschnitten ist, kann man sowieso nicht mehr ersetzen, und die Restfunktion wird immer eine Restfunktion bleiben. Wie wichtig ist es auch hier, einmal an die Vorbeugung zu denken!

Die Magersucht ist genauso eine Autoaggression, die wir vor allen Dingen bei jungen Frauen finden. Dahinter steht eine Angst vor der eigenen Gefühlsfähigkeit und der eigenen Liebessehnsucht. Das Essensverbot soll gewissermaßen alle Gefühle unterdrücken, alle Sehnsucht ersterben lassen und die körperliche Entwicklung zur Liebesfähigkeit unterbinden. Die hierin liegende Autoaggression und Selbstquälerei wird zu einem makaberen Lustgewinn eigener Art. Es ist aber eine Sucht und wie jede Sucht braucht sie einen Ausgleichsfaktor, um das unterdrückte Gefühl wieder zu kompensieren. So finden wir bei Magersüchtigen oft dann eine gesteigerte Freßsucht mit starkem Erbrechen.

Auch bei der Fettsucht gelten die gleichen Gesetze: Das

nicht erlebte und erlebbare Gefühl wird übertragen in eine Autoaggression gegen das eigene Gefühl. Eine dikke Schwarte wird gewissermaßen darüber gepackt, und der Mensch erstickt seine eigenen Gefühle in sich selbst.

Warum der eine so und der andere so reagiert, wissen wir nicht. Hier liegen sicherlich Veranlagungen vor und Bezogenheiten, die ganz tief im Unbewußten verwurzelt, vielleicht schon aus Generationen übertragen sind.

Die Sucht schlechthin — die Drogensucht, die Alkoholsucht und andere Suchtformen — ist dann die Autoaggression in Reinkultur. Das eigene Gefühl wird nicht gewagt zu leben, und so wird das Ersatzgefühl mit irgendwelchen Mitteln und Giften geschaffen. Dann kommt natürlich die Bindung an diese Gifte und die Schwierigkeit, diese wieder abzusetzen. Dann ist die Sucht schon körperlich geworden und aus der Autoaggression ist eine Selbstzerstörung gewachsen, die leider tatsächlich zumeist im Tode oder im Selbstmord endet. Hier sind natürlich Stadien erreicht, in denen keiner mit dem Autogenen Training mehr durchkommt, sondern von außen die Hilfe braucht, die leider im allgemeinen nicht gewährt wird. Die sogenannten Entziehungskuren sind völlig erfolglos und die dabei allenfalls zur Wirkung kommende Psychotherapie ist im allgemeinen völlig unsinnig, weil sie an der ganzen Problematik der Autoaggression vorbeiläuft und niemals ein eigenes Selbstvertrauen schaffen kann. Hier stoßen wir hart an die Grenze des ärztlich Möglichen, weil in dieser Problematik auch die politische Verantwortung des Staates gefordert wird, der sich der überaus liberalisierte Staat ohne Rücksicht auf die kranken Menschen, die sich selber nicht mehr helfen können, nur zu gerne entzieht.

Hier bei der Problematik der Sucht und der Autoaggression kommen wir aber aus einer ganz anderen Sicht unserer autogenen Betrachtung demselben Problem wieder nahe. Wir leben in einer Welt, in der alles machbar ist und so muß auch die Stimmung gemacht werden. Wir leben in einer Welt, in der das Vertrauen zum eigenen Gefühl verlorengegangen ist und so muß auch das Gefühl gemacht werden. Rauschmittel jeder Art verschaffen natürlich ein Gefühl, aber wohin das führt, habe ich kurz aufgezeigt. Im Grunde ist es aber keineswegs besser, als wenn ein Angstneurotiker Medikamente gegen die Angst einnimmt. Das ist ein Vorbeigehen an sich selber und die Autoaggression — die Selbstzerstörung — ist dem Problem der Selbstbefriedigung außerordentlich nahe, wie wir es bei unserer Betrachtung über die Liebesfähigkeit sahen. Zärtlichkeit hat oftmals zerstörerische Formen, vor allem, wenn sie nicht von einem Vertrauen zum eigenen Gefühl getragen ist, und das ist in diesem Fall ja sowieso nicht gegeben. So werden die zerstörerischen Formen einer nicht gewagten Zärtlichkeit zur Autoaggression.

Ganz deutlich erleben wir das bei den schon in der Kindheit auftretenden und oftmals außerordentlich belastenden Störungen des Bettnässens und der Errötungsfurcht. Beides sind ähnliche Kurzschlußreaktionen einer unsicheren Seele. Das Bettnässen schafft eine Pseudo-Wärme und Pseudo-Geborgenheit im feucht-warmen Bett und stört autoaggressiv die Entwicklung zum erwachsenen Menschen, fixiert die Kleinkindsituation.

Die Errötungsfurcht ist eine unbewußte Demonstration der kindlichen Hilflosigkeit und zerstört genauso die Entwicklung zu einem sicheren und erwachsenen Menschen.

Ich bin mir selber Feind! Ist das nicht eine entsetzliche

Erkenntnis, die mich lehren sollte, mich mit mir selber zu befreunden?

Auch bei der Enuresis (Bettnässen) und bei der Errötungsfurcht ist natürlich die vegetative Steuerung erheblich gestört, aber die Zielrichtung und die Auswirkung zeigen den psychischen Hintergrund und sollten uns die genannte Konsequenz nahelegen: Lerne dich selber verstehen, werde vertraut mit dir selber.

Bei den vielfältigen Kreislaufstörungen und Durchblutungsstörungen erleben wir genauso das Gesetz der gestörten Steuerung. Im gesunden Kreislauf erleben wir immer wieder die wunderbare Ordnung der vegetativen Steuerung. Das Herz alleine kann ja die Leistung, das ganze Blut durch die unendlich viel verzweigten Adern zu pumpen, nicht schaffen. Die kleinen Adern und Äderchen sind deswegen umsponnen von Muskelfibrillen, die automatisch programmiert den Druck des Herzens weitergeben. Wenn ein Mensch steht, verengen sich in zunehmendem Maße unterhalb des Herzens die Blutgefäße, um zu vermeiden, daß das Blut nach unten absinkt und erweitern sich in zunehmendem Maße nach oben, um den Druck nach oben zu erleichtern. Wenn ein Mensch sich jetzt hinlegt, sind die Verhältnisse völlig geändert und binnen einem Bruchteil einer Sekunde ist das gesamte Adersystem völlig umgeschaltet. Wenn er dann plötzlich aufspringt, erfolgt die Umschaltung genauso zuverlässig. Das System ist in sich völlig narrensicher, aber nur der Mensch alleine vermag das zu stören und zu zerstören aus seiner Zwiespältigkeit zwischen Vernunft und Gefühl. Diese Zwiespältigkeit können wir aber nur aus einer konsequenten seelischen Arbeit an uns selber überbrücken und dazu ist in erster Linie das Autogene Training in der Lage, weil es aus dieser Bezogenheit zum vegetativen System aufgebaut ist und damit die einzige

Brücke zwischen Vernunft und Gefühl im seelischen wie im körperlichen Sinne bilden kann.

Das Autogene Training darf aber nicht zu einem schematischen Üben erstarren, es darf keine „Methode“ werden, die aus sich heraus für alles hilft. Es kann nur richtig geübt werden, wenn auch der nachdenkliche, gedankliche Hintergrund in uns selber dabei bleibt und wir es nicht einfach wie eine Gebetstrommel daherplappern. Deswegen ist diese Betrachtung für jeden Fortgeschrittenen im Autogenen Training so wichtig und sollte ihn immer daran erinnern, welche Möglichkeiten in dieser ganz einfachen Methodik liegen, wenn er sie nur recht gestalten kann.

Alle hier aufgeführten Störungen kann man nicht bekämpfen, sondern muß sie verstehen und in ihrem Inhalt begreifen. Das ist die Autogene Lebenseinstellung, die ausgeht von meinem eigenen Ich, von meiner eigenen Problematik, von mir selber. Ich muß erst in mir selber einmal einen festen Boden schaffen und mich selber fühlen, mit mir selber vom Gefühl aus vertraut werden und dann kann ich etwas schaffen, etwas leisten und zu anderen Menschen gehen. Die vielfältige Sicht, die wir hier durchwandert haben, geht immer wieder auf diesen selben Punkt zurück und zeigt zugleich die Möglichkeiten, die sich für jeden einzelnen Menschen daraus ergeben.

Gerade bei der Problematik der Autoaggression sehen wir, welche Verwirrungen diese Dissonanz zwischen Verstand und Gefühl schaffen kann. Mit dem Willen kann keiner diese Verwirrungen aufheben, aber mit der Einsicht und dem ehrlichen Bemühen kann er mit sich selber vertraut werden und dann den Weg zu seiner eigenen Lebensgestaltung finden. Störungen und Krankheiten zu bekämpfen, ist der eine Punkt, der gerade bei den rein körperlichen Krankheiten oft der entscheidende sein muß. Störungen und Krankheiten zu verstehen, ist die Autogene Perspektive, die uns eine ganz wesentliche Einsicht ermöglicht, die wir aber brauchen, um aus der Methode des Autogenen Trainings mehr werden zu lassen: Eine individuelle — und das heißt ja eigentlich autogene — Psychotherapie, für die ich aber keinen Psychotherapeuten und keinen Arzt mehr brauche. Letztlich muß ich doch in meinem Leben meinen eigenen Weg gehen und muß mir selber helfen und das Mittel dazu kann das Autogene Training sein, wenn ich es ernsthaft und nachdenklich und ehrlich bemüht immer wieder übe. Erst aus diesem Bemühen kann dann ganz von innen und befreit von dem Zwang zur Rationalisierung die Ausgewogenheit zwischen Verstand und Gefühl wachsen. Diese Ausgewogenheit ist das eigentliche Ziel des Autogenen Trainings und bedeutet zugleich körperliches und seelisches Gleichmaß und Wohlbefinden. Auch wenn unveränderbare Störungen durch Gebrechen oder unfallbedingte Verstümmelungen vorliegen oder durch Erbanlage schicksalhaft mitgegeben sind, kann im Autogenen Training diese innere Ausgewogenheit wachsen. Insbesondere Menschen, die durch Not, Verzweiflung und Leid hindurchgewandert sind, können hierdurch eine innere Reife erlangen, die absolut vergleichbar ist. Den höchsten Stufen der Gelöstheit und reifen Gelassenheit im Zen-Buddhismus. Diese Ausgewogenheit zwischen Verstand und Gefühl ist dann letztlich der Lohn dieser autogenen Konzentration und damit ist der Angst, der Depression und den Verkrampfungen jeder Art der Boden genommen. Hier liegt der Anfang für eine ganz umfassende und in ihrer Eigenart erfüllte Lebensgestaltung.

III. KAPITEL

Das Erlebnis „Ich"

Die Erlebnisfähigkeit ist eine menschliche Gefühlsqualität von allerhöchster Bedeutung. Erleben heißt: gegenwärtig sein und fühlen. So wie GOETHE in seinem „Faust" den dramatischen Angelpunkt um das Wort „zum Augenblicke möcht' ich sagen, verweile doch, du bist so schön" gestaltete, so liegt hier eine uralte menschliche Weisheit vor. Wir alle sind immer der Zeit verhaftet, wir können nicht gegenwärtig sein, weil uns die Zukunftssorgen gleichermaßen bedrängen wie das, was in der Vergangenheit hätte sein können oder sein sollen.

Das Kind hat eine andere Erlebnisfähigkeit. Es vermag gegenwärtig zu sein und unbekümmert aufzunehmen, und diese Erlebnisfähigkeit ist ein Reichtum.

Diesen Reichtum können wir aber nur lernen, wenn wir zur Besinnung kommen, und hier scheiden sich die Geister: Die Menschen unserer Zeit verstehen unter Erlebnis Action, es muß etwas los sein, es muß eine Fülle von Eindrücken, Spannungen und Gefahren geben, dann spricht man von dem Erlebnis.

Die modernen Urlauber, die heute Möglichkeiten haben, die früher unvorstellbar waren, werden dann in dieser kostbarsten Zeit ihres Jahres durch Animateure und Animateusen von Erlebnis zu Erlebnis geführt — Action, Action, Action . . .

Dabei entfremden sich die Menschen alle immer mehr von der eigentlichen Erlebnisfähigkeit, die in der Besinnung liegt. So wie auch die Liebe immer mehr zur technischen Erfolgsleistung wird, wie aus dem Spiel der Leistungssport wird, ist aus dem Erlebnis das Erfolgserlebnis geworden.

Das ist eine gefährliche Ummünzung, und die Menschen werden dadurch innerlich immer leerer, und hier liegen die tiefen Wurzeln der Depression und der Angst. Die Menschen entfremden sich von dem Reichtum ihres eigenen Gefühls und werden zur Maske, zum Aushängeschild. Innerlichkeit wird zur Einsamkeit.

Unendlich viele Menschen leben so an der großen Möglichkeit ihrer Lebensgestaltung vorbei. Hier möchte und kann das Autogene Training helfen, weil es den Weg zum eigenen Gefühl öffnet. Ruhe, Schwere, Wärme sind Gefühle, die stufenweise zu dieser inneren Welt der Besinnung und der Erlebnisfähigkeit führen. So kann das Autogene Training zu einer ganz besonderen Form der Selbsterfahrung werden.

Die verbale — die rationale und verstandesmäßige Selbsterfahrung hat sehr enge Grenzen, weil man das Wesentliche im Leben nicht in Worte fassen kann.

Genauso wie im Yoga und Zen das Ziel der Meditation das Erlebnis der Unendlichkeit, des „Nicht" ist, so ist das Ziel der Meditation im Autogenen Training das Erlebnis „Ich". Diese eigene Welt einmal ganz aus der Tiefe heraus zu erfahren und hier ein Selbstvertrauen aus der Weite des Gefühls wachsen zu lassen — das ist der Weg zur eigenen Gesundheit, zur eigenen Ordnung, so wie SEBASTIAN KNEIPP seine Ordnungstherapie zum wichtigsten Bestandteil der naturgemäßen Heilweisen gemacht hat.

Aus dieser Perspektive wird das Autogene Training zu einer effizienten und individuellen Psychotherapie, die an der Wurzel der Störungen ansetzt. Alle funktionellen Erkrankungen und alle psychischen Spannungen von der Angst bis zur Depression sind doch in ihrem tiefen Ursprung eine Störung des Selbstvertrauens, der inneren Ausgewogenheit zwischen Körper und Seele. Gerade dieser psychische Faktor ist aber in einer Umwelt, die das Erfolgserlebnis an die Stelle des Besinnungserlebens gesetzt hat, von höchster Bedeutung. Hier muß jeder bei sich selbst anfangen, hier muß jeder den Weg zu seiner eigenen Selbsterfahrung gestalten, um daran und darin zu reifen.

Wir sind alle dazu erzogen, vor allem immer den Erfolg und die Leistung in den Vordergrund zu stellen. Gefühle sind unwichtig, und Haltung und Beherrschung sollen alles bestimmmen. Hauptsache, ich schaffe es!

Das ist so, als ob wir immer den zweiten Schritt vor dem ersten machen wollen, als ob wir den Bau eines Hauses beim Dach anfangen, und das muß natürlich zu einer Krise führen, die bei jedem Menschen wieder ihr eigenes Gesicht hat. Das Autogene Training ist der Weg der Selbstbesinnung nicht vom Verstand aus, sondern vor allem vom Gefühl aus. Der Verstand hilft mit, wir brauchen auch hier Worte und Formeln, um die Meditation einzuleiten, genauso wie das Mantra oder die Meditation im Zen, aber diese Worte sollen nur den Weg bereiten zu einer Versenkung, zu einer Entspannung und Gelöstheit und zum Erlebnis „Ich". Das heißt autogen: zum eigenen Ich!

IV. KAPITEL

Die Autogene Meditation

Die Autogene Meditation ist das, was SCHULTZ früher die Oberstufe des Autogenen Trainings nannte. Dieser Name ist bei der heutigen weiten Verbreitung des Autogenen Trainings leicht mißdeutbar, denn der Vorgang der sogenannten Oberstufe ist etwas ganz anderes als das Autogene Training. Es ist auch nicht etwa ein Wertunterschied vorhanden, wie er leicht aus den Begriffen der Unterstufe und Oberstufe ableitbar ist, sondern es ist einfach eine weitere Möglichkeit des meditativen Arbeitens mit dem Autogenen Training und deshalb wird auf Vorschlag von SCHAETZING jetzt allgemein der Name Autogene Meditation dafür eingeführt. Dieser Name trifft das Wesentliche dieser konzentrativen Übung und läßt keine Mißdeutung zu.

Ob Sie, sehr geehrte Leserin und Sie, sehr geehrter Leser, die Autogene Meditation einmal probieren oder üben wollen, hängt ganz von Ihrem eigenen Interesse ab. Sie bietet eine Erweiterung vor allem in Richtung der eigenen Phantasie und Gefühlsfähigkeit. Sie fügt dem ganzen Autogenen Training dadurch etwas Fortschrittlicheres hinzu, aber nötig ist es im allgemeinen nicht. Trotzdem ist es vielleicht wichtig, daß Sie sich einmal darüber informieren, was hier geschieht.

Das Autogene Training hat ja überhaupt vielfältige Wandlungen durchgemacht. Prof. KRETSCHMER in Tübingen entwickelte daraus die sogenannte gestufte Aktivhypnose. Hierbei wird nach einer Übung des Autogenen Trainings ein sogenanntes Bildstreifen-Denken eingeführt. Bestimmte Formeln werden jetzt eingeprägt und der im Autogenen Training Versunkene soll diese Formel wie einen Wandspruch deutlich optisch vor sich sehen. Diese Wandsprüche werden individuell auf die jeweilige Krankheitssituation des Patienten geformt und sollen ihm helfen, damit fertig zu werden. Der eigentliche autogene Gedanke wird damit etwas verlassen, weil hier die Symptomatik doch in den Vordergrund gerückt wird. Ein Angstneurotiker soll zum Beispiel denken: **„Ich kann ruhig über die Straße gehen“** oder **„Ich kann ruhig im Fahrstuhl fahren“**. Das widerspricht im Grunde der dargestellten Tendenz, das eigene Selbstvertrauen so stark werden zu lassen, daß die Angst sich auflöst und aus diesem Selbstvertrauen heraus sich mit seiner eigenen Angst zu befreunden. Es handelt sich hier um deutliche Fremdsuggestionen, die rein symptombezogen sind. Hier ist eine Fremdsuggestion eingeführt, die nicht ganz ungefährlich ist. Wir sahen ja schon in den früheren Ausführungen, daß die Einbeziehung der Krankheitssymptomatik leicht zu einem Schaden führen kann, weil sie das Krankheitsgeschehen fixieren kann. Mit dieser gestuften Aktivhypnose arbeiten auch nur noch sehr wenige Ärzte.

Das Bildstreifen-Denken ist dann von LEUNER weiterentwickelt worden zu einer Behandlungsform, die der Autogenen Meditation sehr ähnlich ist. Es werden dann nicht mehr Formeln gedacht oder eingeprägt, sondern es werden bestimmte Erlebnissituationen gestaltet und von der Phantasie ausgemalt. Im katathymen Bilderleben soll der Patient im Zustand einer Versunkenheit und Entspanntheit Situationen plastisch erleben wie etwa: Ein Bach in einer Waldlandschaft. Die Aufgabe heißt, in der Phantasie einen Bach entgegen der Stromrichtung weiterzugehen und zu suchen, wo die Quelle ist und wie sie aussieht. Es gibt eine Reihe verschiedener Bildstreifen, die hier eingeschaltet werden können.

In der Autogenen Meditation hatte SCHULTZ schon einen ähnlichen therapeutischen Vorgang vorweggenommen. Er hat ihn aber auch sehr weitgehend mit der Psychoanalyse verknüpft, die damals noch sehr im Vordergrund der gesamten Psychotherapie stand. Der Patient soll in der Versunkenheit des Autogenen Trainings nach der Sonnengeflecht-Formel oder nach der Stirn-Nacken-Formel sich dann zunächst einmal eine Farbe vorstellen und versuchen, seinen ganzen gedanklichen Raum von dieser Farbe erfüllt werden zu lassen. Er kann sich selbst eine beliebige Farbe aussuchen und kann die Farbe auch wechseln. Später kommen dann bestimmte Erlebnisaufgaben dazu wie im katathymen Bilderleben von LEUNER.

Die besondere Bedeutung liegt aber in der psychoanalytischen Verarbeitung dieser aus dem Unbewußten aufsteigenden Bilder und Bildstreifen. Dadurch wird die Autogene Meditation mehr eine individuelle und sehr psychoanalytisch gefärbte Arbeit, die allerdings hochinteressant ist. Die ganze Psychoanalyse stellt trotz ihres geringen therapeutischen Wertes eine hochinteressante Aktion dar, bei der früher vorwiegend aus Träumen symbolhaft ein Verständnis der unbewußten Vorgänge erzielt wurde. Dabei spielt die sogenannte spontane Assoziation eine führende Rolle. Der Analytiker fragt nach strenger Regel eigentlich überhaupt nur: **„Was fällt Ihnen dazu ein?“** Der Patient soll seine eigenen gedanklichen Einfälle produzieren und verbalisieren und dadurch zu einem Verstehen seines eigenen unbewußten Hintergrundes gelangen. Das ist ein sehr interessanter und lehrreicher Vorgang, der für jeden Menschen bestimmt nutzbringend ist, wenn er auch nicht annähernd den therapeutischen Wert hat, der ihm früher zugeschrieben worden ist.

Die Autogene Meditation zerfällt also eigentlich in 2 Bereiche:

1. Das Autogene Training wird geübt bis zum Sonnengeflecht oder bis zur Stirn-Nacken-Formel. Dann wird die vorher mit dem Therapeuten besprochene Bildaufgabe mit der eigenen Phantasie eingestellt. Der Übende muß wie ein Theaterregisseur eine Szene aufbauen. Zunächst — wie gesagt — mit einer Farbe und dann mit verschiedenen Vorbildern einer Landschaft und einer Aktion. Er verliert sich dann in dieser Aktion und erlebt halb wachträumend seinen eigenen Gefühlshintergrund.

Dieser Vorgang ist an sich schon ein therapeutischer Vorgang, weil hier eine innere Auseinandersetzung erfolgt, die durchaus positive Werte hat. Dieser Modelltraum wird gewissermaßen wie eine Sonde in das Unbewußte hineingesenkt, trifft hier natürlich auf die dort vorhandenen Störfelder und das gibt Reaktionen im Ablauf, die in sich schon einen gewissen Wert einer Verarbeitung der Störfelder tragen.

2. Die gesprächsweise und vorwiegend analytisch orientierte Verarbeitung dieser Halb-Wach-Träume. Dieser zweite Vorgang erfolgt in Kontakt mit dem psychoanalytisch vorgebildeten Arzt, der hier gewissermaßen die führende Rolle übernimmt und den Patienten zu seinen

spontanen Assoziationen führt, die ihn wiederum viel tiefer und weiter diese ganze Traumwelt verstehen lassen und ihm viele Erkenntnisse über seine eigene Situation zu geben vermögen.

Den ersten Teil der Autogenen Meditation kann praktisch jeder, der im fortgeschrittenen Stadium ist, einmal an sich versuchen. Die Bildeinstellungen können dabei frei gewählt werden, wir haben bei uns als Standardbildeinstellung neben der Farbeinstellung:

1. Eine Wanderung auf einen Berg.
2. Ich bin fähig, durch eine schwingende Bewegung meiner Arme zu fliegen, wohin ich will.
3. Ich bin am Strand und kann unter Wasser schwimmen, ohne ein Atemgerät zu brauchen. Ich tauche in das Wasser ein.
4. Ich wandere durch eine hügelige Landschaft. Plötzlich ist der Weg mit einem hohen Bretterzaun versperrt und ich kann nicht herüber.
5. Ich liege auf einer sonnenbestrahlten Wiese bequem auf dem Rücken. In mein Bild fallen einige Zweige eines Baumes. Ich schaue nach links, Gras, Blumen, ein Käfer. Ich schaue nach rechts, sehe die hohen Gräser, ein Schmetterling fliegt vorüber.

Diese einzelnen Bilder müssen natürlich wie eine Theaterszene genau beschrieben und aufgebaut werden und erst nach diesem ersten Teil des Aufbaues kann die eigentliche Handlung beginnen. Die Bilder beginnen zu laufen.

Es gelingt im Anfang oft nur schwer, weil bei vielen Menschen die Phantasiefähigkeit doch erheblich blockiert ist. Hier sind deutliche Parallelen zu der Blockierung der ganzen Gefühlswelt. Deswegen ist es durchaus empfehlenswert, einmal diese Meditation zu versuchen.

Wenn der Traum dann ausgeklungen ist und wieder ein Bedürfnis zum Wachwerden kommt, wird das Autogene Training in der üblichen Form zurückgenommen. Oft versinkt aber auch der Meditierende in einen Tiefschlafzustand und dann braucht er nicht wieder zurückzunehmen, wenn er wieder normal wach wird.

Der zweite Teil — die analytische Verarbeitung — ist dann — wie gesagt — eine Arbeit mit dem behandelnden Arzt und sollte im wesentlichen eine Einzelbehandlung sein. Man kann es natürlich auch in einer kleinen Gruppe machen, aber dazu muß die Gruppendynamik ausgewogen sein, denn nur, wenn ein wirkliches und absolutes Vertrauen da ist, können hier spontane Assoziationen frei wachsen. Andererseits ergeben sich aus der Gruppendynamik oftmals noch zusätzliche elementare Spannungen, deren hintergründige Zusammenhänge dann erkannt werden können und doch auch wiederum recht interessant sind. Therapeutisch darf man dabei allerdings nicht viel erwarten, aber die Erkenntnis eigener unbewußter Spannungen und Probleme ist doch oftmals sehr lehrreich und kann das eigene Weltbild immer nur erweitern.

V. KAPITEL

J. H. SCHULTZ: Die bionome Lehre

In seinem Buch über die bionome Psychotherapie hat J. H. SCHULTZ die wissenschaftliche Erfahrung seines reichen und langen Lebens und ärztlichen Wirkens zusammengefaßt. Es ist gewissermaßen die theoretische und ideologische Grundlage seines ganzen Lebenswerkes und damit vor allem des von ihm entwickelten Autogenen Trainings.

Jeder Mensch trägt das lebendige Gesetz seines eigenen Daseins in sich. Er wird oft davon hinweggeführt. Seine ganze Erziehung und Entwicklung steht oft sogar im Gegensatz zu diesem eigenen bionomen Gesetz, und hier liegen die Wurzeln unendlich vieler Spannungen, Verkrampfungen und Krankheiten. Wer die vorangehenden Kapitel aufmerksam gelesen hat, hat eigentlich schon das Grundsätzliche der bionomen Lehre erfaßt. Das Selbstvertrauen ist ja das Vertrautsein mit diesem eigenen Grundgesetz. Wenn wir damit vertraut werden, dann finden wir eine unwahrscheinlich große Kraftquelle in uns selbst, die zugleich und vor allem auch im Körperlichen auf dem Wege über das vegetative Nervensystem die gesamte Steuerung der Organe reguliert.

Es genügt dabei nicht alleine, daß wir uns bewußt werden, wie sehr wir von unserem eigenen Weg abgewichen sind. Diese verstandesmäßigen Verbalisierungen sind zwar recht interessant, aber sie führen doch nicht zurück, denn das bionome Geschehen ist ein Gefühlsgeschehen, das wir mit dem Verstand nur aus der Ferne berühren, aber niemals errelchen. Unsere ganze bewußte Vorstellungswelt geht doch oft sehr weit entfernte Wege. Wie oft glaubt ein Mensch, der im Grunde sensibel und künstlerisch veranlagt ist, daß er einen willensbeherrschten Löwen spielen muß. Wie oft verirren wir uns und belasten uns mit den Vorstellungen **„Wenn wäre"** und **„Wenn hätte"**. Wie oft verharren wir noch in früheren Entwicklungsstadien und können durch diesen Infantilismus nicht die Möglichkeiten der Reife und der unserem Alter zustehenden Einsicht genießen.

Der Neurotiker, der seelisch belastete Mensch, ist vergleichbar einem, der unter einem Apfelbaum sitzt und wartet, daß Pflaumen herunterfallen. Er wird bei dieser Einstellung zeitlebens frustriert bleiben, denn vom Apfelbaum werden wirklich nie Pflaumen herunterfallen. Wenn er aber einsichtig wird und auf seine Vorstellungen verzichten kann, wird er lernen, daß Äpfel auch ganz gut schmecken.

Das heißt im übertragenen Sinne, wir müssen lernen, aus dem Möglichen das Beste zu machen. Wir müssen lernen, uns nicht zu zermürben an dem, was andere angeblich haben oder was wir hätten haben können. Was wissen wir von anderen? Wie oft tragen die anderen doch nur eine Maske und wir wissen gar nicht, was dahintersteht. Wir sehen von ihnen genauso nur die Oberfläche, wie diese von mir nur die Oberfläche sehen. Deswegen kann ich auf keinen Fall irgendwelche Rückschlüsse daraus ziehen, was in anderen vor sich geht oder was andere möglicherweise haben oder erleben können.

Schlimm ist in dieser Situation die Resignation, das Verzagen. Das liegt natürlich nahe, weil es gewissermaßen ein Rückschritt in die Kindheit, in den Infantilismus darstellt. Hier erleben wir dann auch die vielen Formen der Autoaggression, die wir im zweiten Kapitel dargestellt haben. Auch die Resignation ist im Grunde genommen eine Umkehr der Sehnsucht, die jetzt selbstzerstörerisch wird. Oft sogar mit dem demonstrativen Hintergrund: „Es ist meiner Mutter ganz recht, daß mir die Finger frieren, warum kauft sie mir keine Handschuhe".

Wir Menschen lernen alle im Grunde genommen von Kindheit an schon den Verzicht. Nur wir werden uns nicht bewußt, welche gute und segensreiche Leistung das ist. Wir müssen als Kinder lernen, auf viele Spiele zu verzichten, weil wir älter werden und vieles lernen müssen, was uns im Anfang gar nicht gefällt. Nur so aber können wir eine Weiterentwicklung durchmachen, können dann neue Stadien erreichen, in denen sich wieder ganz neue Möglichkeiten in unserem Leben eröffnen. Nur wenn ich immer noch wieder zurückschaue und über die verlorene Kindheit oder die verlorene Vergangenheit nachdenke und dann an der Gegenwart resigniere, komme ich in diesen Zustand der Verzagtheit.

Jedes Lebensalter hat ganz eigene Möglichkeiten und ganz eigene Perspektiven, die in sich unwahrscheinlich stark und schön sein können, wenn sie wirklich auch gegenwärtig gelebt werden. Das trifft für die Kindheit genauso zu wie für die Reifung, die Reife, das Älterwerden, das Senium, das Alter. Wir können aber die Möglichkeiten jedes Abschnittes nur wirklich erleben, erfahren und genießen, wenn wir verzichten auf die Möglichkeiten, die vielleicht im vorigen Abschnitt des Lebens nicht nach unserer Vorstellung voll erfüllt sind.

Dieser Verzicht ist die höchste geistige Leistung, zu der ein Mensch überhaupt fähig ist und hat überhaupt nichts mit der Resignation oder der Verzagtheit zu tun. Es ist eine positive Gestaltung und ein Ja-sagen zu dem bionomen Grundgesetz der Lebensentwicklung.

Diese bionome Ausgewogenheit ist aber nicht machbar, sondern es gilt hier, zu suchen und zu finden. Die bionome Kraft ist in jedem Menschen vorhanden, sie ist sein eigenes Lebensgesetz und sollte sein eigenes Lebensschicksal sein. Dann kann ich auch unendlich viel in meinem eigenen Leben gestalten. Wie wir schon oben sahen, wird jede Belastung genauso groß wie ich selbst sie nehme, wie ich dazu stehe. Wenn ich in mir selber ruhe, dann habe ich es meist in meiner Hand und dann sieht vieles ganz anders aus. Wir müssen natürlich einsehen, daß wir manches nicht ändern können, und dann kommt die große Leistung des Verzichtes. Wenn wir demgegenüber resignieren, dann bestrafen wir uns selbst und werden leidend; wenn wir verzichten, wachsen wir an den Dingen, die wir nicht ändern können. Das ist der fundamentale Grundsatz der bionomen Lehre.

Hieraus ergeben sich auch die Unterschiede des Autogenen Trainings zu anderen meditativen Übungsformen, insbesondere zum Yoga und zu der in letzter Zeit sehr umfangreich gewordenen sogenannten transzendentalen Meditation. Beim Yoga ist die ganze Grundeinstellung völlig anders. Die Übungshaltung — der Lotos-Sitz — ist keineswegs entspannt und nach innen gerichtet, sondern aufrecht und getragen von der Bereitschaft, über das eigene Ich hinauszuwachsen. Unter dem Begriff Yoga summieren sich zwar sehr viele buddhistische Lehren, aber die hier in Deutschland und im Westen vor allem geübten Grundformen sind doch sehr übersichtlich und klar. Die Zielrichtung ist auch aus ärztlicher Sicht unbedingt gut, und es wird niemals eine Konkurrenz zwischen Autogenem Training und Yoga geben. Die Zielrichtung des Autogenen Trainings zum bionomen Grundgesetz, zum Selbstvertrauen, die Zielrichtung des Yoga zur Auflösung in der Unendlichkeit, können sich ganz unwahrscheinlich gut ergänzen und beide zusammen können auch aus ärztlicher Sicht gesehen die Möglichkeiten der einen Form für sich nur noch erweitern.

Natürlich hat es auch im Yoga viele falsche Lehrer und Lehren gegeben. Das ist bei allen erfolgreichen Methoden sicher immer so und beim Autogenen Training müssen wir auch immer wieder vor unberufenen Lehrern warnen. Besonders scheint das in letzter Zeit das Schicksal der sogenannten Transzendentalen Meditation geworden zu sein, die von einer wirklich guten Zuwendung zur Unendlichkeit jetzt zu amerikanischen Marketing-Methoden entwickelt wird. Das erinnert sehr an Ablaß und käufliche Seligkeit. Grundsätzlich besteht aber auch hier keine Gegensätzlichkeit zum Autogenen Training, sondern sie kann nur als Erweiterung betrachtet werden. Die Gefahr liegt aber hier in der sektiererischen Entwicklung zu einer neuen Heilslehre und Welterlösung. Damit wird ein im Kern guter Gedanke zum Anlaß wahnhafter Verwirrung.

Das Autogene Training ist gegenüber diesen Übungsmethoden, die vorwiegend auf kosmische und transzendente Einstellungen gerichtet sind, mehr eine einfache, beinah handwerkliche ärztliche Praxis, der bionome — lebensgesetzliche — Weg zum eigenen Selbstvertrauen.

Diese bionome Lehre ist das Lebenswerk unseres Lehrers Johannes-Heinrich SCHULTZ, der mit dem Autogenen Training eine wirklich praktikable, unwahrscheinlich erfolgreiche und ganz individuelle Psychotherapie geschaffen hat. Was für jeden einzelnen Menschen aber daraus wird und werden kann, liegt letztlich in dessen eigener Hand — in dessen selbstverantwortlicher Nachdenklichkeit und dabei möchte dieses kleine Buch helfen!

Literatur

ALEXANDER, F.: Psychosomatische Medizin. Berlin 1951. W. de Gruyter Verlag.

BACHMANN, C-H.: Psychoanalyse und Verhaltenstherapie. Frankfurt/M. 1972. S. Fischer Verlag.

BALLINT, M.: Der Arzt, sein Patient und die Krankheit. Stuttgart 1965. Klett Verlag.

BERNHEIM, H.: Die Suggestion und ihre Heilwirkung. Leipzig 1888. Deuticke Verlag.

BERNE, E.: Transactional Analysis in Psychotherapie. Grove Press 1961.

BITTER, W.: Magie und Wunder. Stuttgart 1959. Klett Verlag.

BOSS, Medard: Grundriß der Medizin und der Psychologie. Bern 1975. Hans Huber Verlag.

BRÄUTIGAM, W. und CHRISTIAN P.: Psychosomatische Medizin. Stuttgart 1974. G. Thieme Verlag.

BUMKE, O.: Gedanken über die Seele. Berlin 1948. Springer Verlag.

COUÉ, E.: De la suggestion et de ses applications, 3. Aufl. Nancy 1913. Barbier.

DÄUMLING, A. M.: Gruppenpsychotherapie und Gruppendynamik. Stuttgart 1968. Gustav Fischer Verlag.

DOGS, W.: Befreite Seele. Duisburg 1975. Walter Braun Verlag.

—: Ich contra mich. Duisburg 1980. Walter-Braun-Verlag.

—: Konzentrative Entspannungstherapie — Das Autogene Training. 16. Aufl. Duisburg 1988. Walter Braun Verlag.

—: Der gesteuerte Schlaf. Duisburg 1977. Walter Braun Verlag.

—: Dynamische Psychotherapie. Duisburg 1976. Walter Braun Verlag.

—: Ärztliche Hypnose. Verlag für Medizin. Dr. Ewald Fischer, Heidelberg 1983.

—: Meine Angst — Fluch und Reichtum. Walter Braun Verlag, Duisburg 1983.

—: Morita-Therapie, Zen und Hypnose. Ärztliche Praxis **XX**, 1968.

—: Psychosomatische Therapie der Magersucht. Verlag für Medizin. Dr. Ewald Fischer, Heidelberg 1985.

DÜRCKHEIM, K. F., Graf: Wunderbare Katze. München 1970. Otto-Wilhelm Barth Verlag.

EBBECKE, U.: Physiologie des Bewußtseins in Entwicklungsgeschichtlicher Betrachtung. Stuttgart 1974. G. Thieme Verlag.
EGAN, G.: Encounter: Group Processes for Interpersonal. Growth. Wadswoth Publishing Company 1970.

FAGEN, J. and SHEPHERD, Irma Lee: Gestalttherapy now. Science and Behavior Books Inc. 1970.
FREUD, S.: Vorlesungen zur Einführung in die Psychoanalyse. London 1950. Imago.
—: Zur Psychopathologie des Alltagslebens. Frankfurt/M. 1953. S. Fischer Verlag.
—: Gesammelte Werke. Frankfurt/M. 1968. S. Fischer Verlag.
FRIEDEMANN-BIEL, A.: Handbuch der Neurosenlehre und Psychotherapie. München 1959. Verlag Urban und Schwarzenberg.
GIESE, H.: Psychopathologie der Sexualität. Stuttgart 1962. F. Enke Verlag.

HARRER, G.: Grundlagen der Musiktherapie und Musikpsychologie. Stuttgart 1975. Gustav Fischer Verlag.
HOFSTÄTTER, P. R.: Gruppendynamik. Hamburg 1957. Rowohlt Verlag.
HOLLAND, I. G. und SKINNER, B. F.: Analyse des Verhaltens. München 1971. Verlag Urban & Schwarzenberg.

JANOV, A.: Der Urschrei. Frankfurt/M. 1973. S. Fischer Verlag.
JOVANOVIC, Uros J.: Sexuelle Reaktionen und Schlafperiodik beim Menschen. Stuttgart 1972. Ferdinand Enke Verlag.
—: Der Schlaf. München 1969. Verlag Joh. Ambrosius Barth.
—: Schlaf und Traum. Stuttgart 1974. Gustav Fischer Verlag.

KATZENSTEIN, A.: Hypnose. Jena 1971. Gustav Fischer Verlag.
KAYSER-KRÜGER: Gruppentherapie in der Psychiatrie. Stuttgart 1974. G. Thieme Verlag.
KEMPER, W.: Die funktionelle Sexualstörung. Stuttgart 1950. G. Thieme Verlag.
KLUMBIES, G.: Psychotherapie. Jena o.J. Gustav Fischer Verlag.
KRETSCHMER, E.: Über die gestufte aktive Hypnoseübung und den Umbau der Hypnosetechnik. Dt. medizinische Wochenzeitschrift **71**, 1946.
—: Medizinische Psychologie. Stuttgart 1975. G. Thieme Verlag.

KRETSCHMER, W.: Überwindung der Psychoanalyse? FAZ, 28. 12. 1977.

KRUSE, W.: Das Autogene Training für Kinder. Köln 1975. Dtsch. Ärzteverlag.
KUGLER, J.: Elektroencephalographie in Klinik und Praxis. Stuttgart 1966. G. Thieme Verlag.
LANGEN, D.: Anleitung zur gestuften Aktiv-Hypnose. Stuttgart 1961. G. Thieme Verlag.
—: Hypnose, archaische Ekstase und Versenkung. Confina psychiatrika **4**, 1961.
LORENZ, K.: Das sogenannte Böse. Wien 1964. Borotha-Schoeler-Verlag.
—: Über tierisches und menschliches Verhalten. München 1965. R. Piper Verlag.
MESMER, F. A.: Mémoire sur la découverte du magnetisme animal. Didot. Genéve et Paris 1779.
MEYER, V. u. Ohesser, E. S: Verhaltenstherapie in der klinischen Psychiatrie. Stuttgart 1971. G. Thieme Verlag.
MITSCHERLICH, A.: Die Idee des Friedens und die menschliche Aggressivität. Frankfurt/M. 1969. Suhrkamp Verlag.
MORENO, J.: Gruppenpsychotherapie und Psychodrama. Stuttgart 1959. G. Thieme Verlag.
MÜLLER-HEGEMANN, D.: Medizinische Psychotherapie. Stuttgart 1976. Gustav Fischer Verlag.
NOWAKOWSKI, H.: Zentrale Störungen der sexuellen Funktionen. I. Symposium der Dtsch. Gesellschaft für Endokrinologie. Berlin 1955. Springer Verlag.
PAWLOW, J. B.: Auseinandersetzungen mit der Psychologie. Eine Auswahl aus dem Gesamtwerk. München 1973. Kindler Verlag.
PERLS, F.: The Gestalt Approach & Eye Witness to Therapy. Science an Behaviar Books, 1973.
—: Gestalt Therapy Verbatin. Real People Press, 1969.
PESESCHKIAN, Nossrat: Positive Psychotherapie, Theorie und Praxis einer neuen Methode. Frankfurt/M. 1977. S. Fischer Verlag.
PICHLER, E.: Der Kopfschmerz. Berlin 1952. Springer Verlag.
POLLI, Eugen: Psychotherapie der Neurosen. München 1976. Kindler Verlag.
PREUSS, H. G.: Analytische Gruppenpsychotherapie. München 1966. Verlag Urban & Schwarzenberg.
RATTNER, J.: Gruppentherapie. Frankfurt/M. 1973. Fischer Verlag.
ROGERS, C.: Carl Rogers on Encounter Groups. Harper & Row, 1970.

SCHAETZING, E.: Denkformen der Heilkunst. Schriftenreihe Erfahrungsheilkunde, Band 17. Karl F. Haug Verlag.
SCHINDLER, W.: Suggestive Momente in der Psychoanalyse. Praxis der Psychotherapie Band XI, 1966.
SCHINDLER, R.: Grundprinzipien der Psychodynamik in der Gruppe. Psyche **11**, 308 (1957).
SCHULTZ, J. H.: Hypnosetechnik. Stuttgart 1965. G. Fischer Verlag.
—: Bionome Psychotherapie. Stuttgart 1951. G. Thieme Verlag.
—: Hypnose, Technik, 5. Aufl. Stuttgart 1951. G. Fischer Verlag.
—: Geschlecht, Liebe, Ehe. München 1959. Reinhardt Verlag.
—: Gesundheitsschädigung nach Hypnose. Ergebnisse einer Sammelforschung, 2. Aufl. Berlin 1954. Marhold Verlag.
—: Das Autogene Training, 14. Aufl. Stuttgart 1973. G. Thieme Verlag.
SCHULTZ-HENCKE, H.: Lehrbuch der analytischen Psychotherapie. Stuttgart 1951. G. Thieme Verlag.
—: Der gehemmte Mensch. Stuttgart 1947. G. Thieme Verlag.
SCHULZE, H.: Der progressiv domestizierte Mensch und seine Neurose. München 1964. Lehmann Verlag.
SCHWABE, Chr.: Musiktherapie. Stuttgart 1974. Gustav Fischer Verlag.
SCHWÄBISCH, Lutz u. SIEMS, Martin: Anleitung zum sozialen Lernen für Paare, Gruppen und Erzieher. Hamburg 1974. Rowohlt Verlag.
STOCKERT, V.: Einführung in die Psychopathologie des Kindesalters, 4. Aufl. München 1967. Verlag Urban & Schwarzenberg.
STOKVIS, B. und Langen, D.: Lehrbuch der Hypnose, 2. Aufl. Basel 1963. Karger Verlag.
STOKVIS, B. und Wiesenhüter, E.: Der Mensch in der Entspannung, 2. Aufl. Stuttgart 1965. Hippokrates Verlag.
SUZUKI, Daisetz Teitaro: Der Weg zur Erleuchtung. Baden-Baden o.J. Holle Verlag.
THOMAS, K.: Praxis der Selbsthypnose und des Autogenen Trainings. Stuttgart 1974. G. Thieme Verlag.
VÖLGYESI, F. A.: Menschen- und Tierhypnose. Zürich 1963. Orell Füssli Verlag.
WALLNHÖFER, H.: Seele ohne Angst, Hamburg 1967. Hoffmann und Campe Verlag.
WEIZSÄCKER, V. von: Der Gestaltkreis. Stuttgart 1974. G. Thieme Verlag.
WILLMS, H.: Musiktherapie bei psychotischen Erkrankungen. Stuttgart 1975. Gustav Fischer Verlag.

Sachregister